EXPLORADORES Y AVENTUREROS EN
AMÉRICA LATINA

ANA MARÍA MACHADO

Con la colaboración de la Royal Geographical Society

Prólogo

Muchos animales, pájaros y peces recorren periódicamente grandes distancias. Lo que diferencia al hombre de esos seres vivos es su capacidad para explorar y descubrir. Un explorador es una persona que siente curiosidad por el mundo, y si tú sientes la suficiente como para leer este libro, también te conviertes en un explorador.

Explorar no consiste sólo en volar en un avión o navegar en un barco hasta un lugar donde nunca hayas estado antes: tienes que anotar lo que ves, escuchar a sus habitantes y aprender todo lo que puedas sobre su tierra. Este libro sigue los pasos de todo buen explorador, descubriendo las gentes, tradiciones y culturas del lugar antes de que fuera *descubierto* por personas ajenas a él, y recogiendo también las historias de los aventureros que viajaron hasta esas tierras por primera vez.

Los exploradores han recorrido el mundo entero y, durante siglos, recibieron ayuda de los habitantes de las tierras que visitaban. Éstos les han mostrado sus viviendas, les ayudaron a transportar sus cargamentos y remaron en sus embarcaciones. También les han enseñado animales asombrosos, y a menudo les proporcionaron cobijo, ropas y alimentos, además de socorrerlos y curarlos. Este libro habla de esos pueblos, así como de los exploradores a los que ayudaron o contra quienes lucharon.

Muchas y diversas son las razones que han movido al hombre a explorar el mundo. Los primeros aventureros, como Marco Polo (1254-1324) e Ibn Battuta (1304-1364), viajaron con caravanas de comerciantes. Cristóbal Colón (1451-1506), Fernando de Magallanes (1480-1521), el capitán James Cook (1728-1779) y John Franklin (1786-1847) emprendieron sus viajes de exploración en nombre de sus gobiernos, con el fin de conocer la geografía terrestre. Otros exploradores fueron mercaderes, científicos, colonizadores, artistas, aventureros, naturalistas y, también, conquistadores, como Francisco Pizarro (1475-1541), quien destruyó el imperio inca que él mismo había descubierto.

La Royal Geographical Society se siente orgullosa de prestar su apoyo a la colección *Exploradores y aventureros*. Ya desde su fundación, en 1830, la RGS ha ayudado e inspirado a famosos exploradores, como Robert Scott (1868-1912) y el Dr. David Livingstone (1813-1873). Hoy día, la RGS sigue prestando su apoyo a los exploradores modernos para que escalen montañas, crucen desiertos, recorran continentes en bicicleta, remonten ríos, hagan submarinismo en los océanos o desvelen los secretos científicos de la naturaleza. Te invitamos, pues, a adentrarte en la apasionante lectura de los libros de *Exploradores y aventureros* para iniciar así tu propio viaje de descubrimiento.

DR. JOHN HEMMING, *director y secretario de la Royal Geographical Society de Londres.*

En la página anterior:
Indio aymara actual (Bolivia) en su tradicional barca de junco.

En esta página:
Este grabado francés de 1855 nos muestra la pirámide maya de Papantla, en México.

Índice

Mujer aymara, pueblo que vive junto al lago Titicaca, en Bolivia, tejiendo con un telar tradicional que se ata detrás de la espalda.

NORTEAMÉRICA

OCÉANO
ATLÁNTICO

Valle de México

Golfo de México

Florida

Tula

Teotihuacán   Lago Texcoco   Chichén Itzá

Tenochtitlán   YUCATÁN

Monte
Popocatepetl

Monte   Palenque

Albán   Tikal

BAHAMAS

CUBA

LA ESPAÑOLA

JAMAICA   PUERTO RICO

CENTRO-   ANTILLAS

AMÉRICA   Mar Caribe   TRINIDAD

Istmo de Panamá

Río Orinoco

MACIZO DE LAS GUAYANAS

CORDILLERA ORIENTAL

Río Branco

Desembocadura del río Amazonas

Río Negro

Lago
Guatavita   Río Amazonas

Monte Chimborazo   CUENCA DEL
AMAZONAS

SELVA DEL AMAZONAS

Río Ugayali

CORDILLERA DE LOS ANDES

Río Madeira

SURAMÉRICA

Chavín
de Huántar

Machu Picchu

Paracas   Sacsahuamán   EL PANTANAL
Cuzco

MESETA BRASILEÑA

Nazca   Lago Titicaca   MATO GROSSO
Altiplano   Potosí

OCÉANO
PACÍFICO

Desierto
de Atacama

GRAN CHACO

Río Paraguay

Río Paraná

LA PAMPA

Estuario del río de la Plata

Los paisajes de América
Latina son
enormemente variados.
Hay montañas muy
altas, selvas tropicales y
playas de arena blanca.
Si viajas hacia el
interior, al noreste de
Brasil, verás una región
de aspecto desértico en
donde los ríos sólo
fluyen durante unos
pocos meses al año.

El puma, el armadillo,
el oso hormiguero, la
llama, la **alpaca**, el
colibrí, el loro, muchas
especies de monos,
serpientes, cocodrilos y
lagartos son sólo
algunos de los muchos
animales exóticos que
puedes encontrar en
América Latina.

LA PATAGONIA

Cuernos del Paine

Tierra del Fuego
Cabo de Hornos

1. Explorando América Latina

La historia de América Latina

¿Dónde está América Latina?

América Latina se encuentra en el hemisferio occidental y limita, al este, con el océano Atlántico, y al oeste, con el océano Pacífico. América es en realidad un continente *doble,* formado por Norteamérica y Suramérica, unidas por Centroamérica. El conjunto de países que fueron colonizados por naciones latinas recibe el nombre de América Latina, y abarca geográficamente el centro y el sur del Nuevo Mundo.

Los países de América Latina

El nombre de América Latina o Latinoamérica es bastante reciente. Comenzó a utilizarse por primera vez en Francia, hacia el año 1860. Cuando hablamos de América Latina nos referimos a un país de Norteamérica (México), seis pequeñas repúblicas de Centroamérica, tres países caribeños (Cuba, República Dominicana y Haití), todas las repúblicas de habla hispana de Suramérica, y Brasil, de habla portuguesa. El Surinam y la Guyana no pertenecen a América Latina, aunque se hallen en Suramérica.

Explorando este libro

Este libro está dividido en siete capítulos. El primero explica la geografía de América Latina. El siguiente es una introducción a algunos de sus primeros pobladores, mientras que el tercer capítulo nos habla de los grandes imperios de los mayas, los aztecas y los incas. La segunda parte del libro (capítulos 4, 5, 6 y 7) trata de los exploradores que se aventuraron por América Latina desde el siglo xv al xx.

Las palabras señaladas en **negrita** se explican en el vocabulario que hay al final del libro.

Américo Vespucio

¿De dónde procede el nombre de América Latina?

Américo Vespucio (1454-1512), un navegante italiano, realizó varios viajes al Nuevo Mundo y cartografió las costas que descubrió. Sus escritos empezaron a asociarse con el continente, y, con el paso del tiempo, se fue generalizando el uso del nombre América en su honor.

América Latina también le debe la segunda parte de su nombre a Italia. Los latinos vivieron en el Lacio, la región en donde se fundó Roma. En la época en que el Imperio romano se hizo muy poderoso y conquistó casi toda Europa occidental (del siglo i al siglo ii d.C.), el latín se hablaba en todas partes. Más tarde (en el siglo v d.C.), las tribus germánicas vinieron del norte de Europa e invadieron el Imperio romano, pero en los países actuales de Portugal, España, Francia, Rumania e Italia sobrevivieron muchos elementos de la cultura romana. Por eso, las regiones americanas que exploraron los españoles, portugueses y franceses empezaron a conocerse con el nombre de *América Latina.*

Una tierra aislada

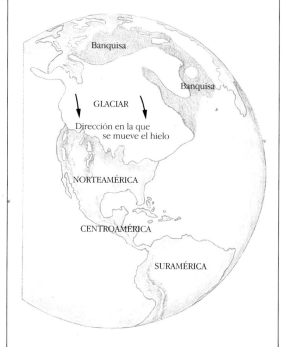

Cordillera Oriental, de Bolivia.

Los primeros pueblos que llegaron a Norteamérica, hace unos diez mil años, atravesaron una enorme masa de hielo que unía Asia con América. Algunos emigraron hacia el sur, a América Latina.

S uramérica es un continente aislado. En él hay muchos animales y plantas que no se encuentran en ningún otro lugar del planeta. Durante la época **prehistórica** formó parte de una gigantesca masa de tierra llamada Pangea. A lo largo de millones de años, ésta se dividió en dos masas de tierra más pequeñas, conocidas como Laurasia y Gondwana. Finalmente, hace unos cien millones de años, Suramérica se desgajó de Gondwana.

La costa más vieja

La costa este de América Latina es mucho más vieja **geológicamente** que la del oeste. Aunque hay montañas muy cerca del océano Atlántico, que forman una serie de bahías y de ensenadas con pequeñas islas, estas montañas no son tan altas como las de la costa del Pacífico. Desde los Andes hay grandes ríos que fluyen hacia el este, desembocando en el caudaloso río Amazonas. Otro río importante, el Paraná-Paraguay, nace en el corazón del continente y desemboca en el **estuario** de la Plata. Los ríos se precipitan desde las montañas formando una serie de cataratas, y luego fluyen a través de **fértiles** llanuras. Al sureste del continente se extiende la meseta de Patagonia-Tierra del Fuego. Al norte de esta meseta se encuentra una amplia cuenca sedimentaria que, por razones climáticas, se halla dividida en tres regiones: Chaco, Mesopotamia y **Pampa.**

El Pantanal se encuentra en el centro del continente. Es una región de praderas y bosques que permanecen inundados la mitad del año. Estos campos constituyen el hábitat natural de especies raras de peces, aves y reptiles. Es el humedal más grande del mundo.

Bosques tropicales y montañas

Determinadas regiones de América Latina tienen un clima **tropical**, por lo que no tienen cuatro estaciones, como Europa o Norteamérica. A lo largo de la costa occidental hay montañas muy altas cubiertas de nieve que contrastan con el verano casi permanente de gran parte del continente. Desde esas montañas fluyen hacia el este una serie de ríos, dando lugar a algunas **cuencas fluviales** importantes. Entre ellas se encuentra la mayor cuenca del planeta: la cuenca del Amazonas.

El río Amazonas fluye de oeste a este, siguiendo aproximadamente la línea del **ecuador** y formando una gran masa de agua en el punto más cálido del planeta. Una gran parte del agua se **evapora** y luego cae en forma de lluvia. Esta combinación de lluvia y calor fue la que contribuyó a formar el bosque tropical del Amazonas, que está repleto de animales y plantas exóticos.

El paisaje de América Latina es muy variado. Ésta es la impresionante montaña de Cuernos del Paine, en Chile.

Éste es el río Ucayali, que serpentea a través del bosque tropical peruano. El Ucayali desemboca en el Amazonas, que es el segundo río más largo del mundo.

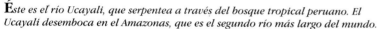

Algunas tribus de la selva extraen el veneno mortal que producen bajo la piel estas pequeñas ranas, y untan en él las puntas de sus flechas de caza (arriba). Jaguar de la región del Amazonas (abajo).

2. El nacimiento de una cultura

Los pueblos primitivos

Los comienzos de la agricultura en América Latina se remontan al 6600 a.C. en Ecuador, y al 5500 a.C. en México. Hacia el año 2000 a.C. ya existían en toda América Latina muchos miles de asentamientos en los que se practicaba la agricultura. Sus habitantes cazaban conejos y ciervos, y obtenían de las plantas alimentos y también los materiales necesarios para fabricar sus viviendas, ropas, muebles, armas y recipientes. Su dieta alimenticia se basaba principalmente en la patata, por lo que los primeros pobladores de los Andes se las ingeniaron para producir distintas variedades de este tubérculo, con el fin de que prosperaran en diferentes suelos. Con el tiempo, estos agricultores encontraron la forma de congelar y secar alimentos. Para ello, dejaban las patatas a la intemperie durante la noche para que se helaran, y de día, al sol. A diario, la familia solía pisar las patatas para extraerles el agua. Después de una semana aproximadamente, las patatas quedaban reducidas a trozos muy ligeros de alimento, que se podían almacenar durante un período de tiempo de hasta seis años. Las patatas secas se sumergían en agua antes de ser consumidas.

Los actuales indios callawaya (originarios de Amarete) cosechan las patatas de forma muy similar a como lo hacían sus antepasados hace cuatro mil años.

Algunos lugares en donde se han encontrado restos de los primitivos pobladores.

Los antiguos pueblos de América Latina llevaban a pastar sus rebaños de llamas a la altiplanicie de Ulla Ulla, en Bolivia.

Pueblos errantes

Muchos de los primeros pueblos de América Latina fueron nómadas. Viajaban en pequeños grupos de un lugar a otro, recolectando frutos, cazando y pescando. Algunas tribus se hicieron sedentarias: levantaron asentamientos permanentes y cultivaron maíz, **mandioca** y otras plantas. Estos hombres obtenían harina de lo que cosechaban, pero no usaban los animales para que les ayudaran a trabajar la tierra. Los únicos animales domésticos que tenían eran la llama, la alpaca, el conejo de indias y una raza de perro que no podía ladrar.

Las primeras civilizaciones

Las primeras civilizaciones surgieron en los Andes centrales (Perú y Bolivia), México y el norte de Centroamérica. Los cazadores y pescadores se asentaron en poblados, y comenzaron a arar la tierra y a pescar en el mar desde el 2000 al 1400 a.C. Como la tierra era fértil, la pesca abundante y los habitantes eran buenos agricultores y pescadores, estas comunidades crecieron muy rápidamente. Al no tener dificultades para obtener el alimento, pudieron dedicarse a desarrollar la arquitectura, la religión, las ciudades, los ejércitos, la alfarería y el arte. Estos primeros pobladores de América Latina también se dedicaron a explorar su propio país, recorriendo una extensión sorprendente si tenemos en cuenta que todos los viajes se hacían a pie.

¿Qué crece en América Latina?

Muchas plantas originarias de América Latina son conocidas hoy día en todo el mundo. Así el maíz, el tomate, la patata, el tabaco, el cacao (cuyas semillas se utilizan para hacer chocolate y cosméticos), y frutos como las piñas y los aguacates, vinieron todos ellos de América Latina. Otras plantas **autóctonas** son la mandioca, muchos tipos de **ñame** y **batatas**, hierbas medicinales y una gran variedad de maderas, utilizadas tanto en la construcción como para la obtención de tintes en la industria **textil**.

Ilustración del siglo XVII en la que se muestra a un azteca utilizando una estaca para plantar maíz (arriba). Fuente inca con mazorcas (abajo). Con el maíz se hacían gachas y tortillas, que se servían con judías.

Primeras culturas andinas

Mapa que muestra las regiones en las que se desarrollaron algunas de las primeras culturas del norte de los Andes, Colombia y Ecuador. En la actualidad se han descubierto en Colombia y Ecuador algunos de los restos más antiguos de cerámica, que datan de los años 4000 a 3000 a.C. Las culturas del norte de los Andes son famosas por los objetos fabricados en oro. Otros pueblos andinos, como los paracas, se especializaron en representar complicadas historias sobre tela.

Así imaginó este ilustrador al pueblo nazca realizando sus grandes dibujos en la arena del desierto.

Templo principal de Chavín de Huántar. Los soldados españoles que llegaron aquí en el siglo XVI creyeron que la ciudad había sido construida por gigantes.

Las culturas influyentes

De todas las primeras culturas de América Latina, una de las más fascinantes es la que se conoce con el nombre de chavín. La cultura chavín fue descubierta bastante recientemente, en el año 1919, por el **arqueólogo** peruano Julio Tello, que también se dedicó a investigarla. Sabemos aún bastante poco sobre los chavines, excepto que construyeron un centro religioso en un pequeño valle, cerca del pueblo de Chavín de Huántar, en Perú. Este asentamiento consiste en una serie de bellos templos que datan de la época de su mayor apogeo (850-200 a.C.). La cultura chavín logró dominar complicadas técnicas agrícolas y constructivas y también realizó bellos tejidos y objetos en cerámica y oro. Tuvo una gran influencia sobre los pueblos vecinos.

Este fragmento de tela, realizado por la cultura paraca (300-100 a.C.), representa un dios gato con una larga lengua que termina en una cabeza humana.

Dibujar en el desierto

Los paracas (600-200 a.C.), procedentes también de Perú, recibieron el influjo de los chavines. Los paracas hablaban quechua, que en la actualidad constituye la segunda lengua oficial de Perú. Por los restos humanos que han aparecido sabemos que este pueblo realizaba complicadas operaciones en el cráneo. También hacían bordados de intrincados dibujos y piezas de cerámica muy bellas. Todavía pueden verse hoy día los gigantescos dibujos que realizaron en el árido suelo del desierto, no sabemos a ciencia cierta con qué finalidad.

La cultura nazca

Otros *artistas del desierto* eran los nazcas (100-1000 d.C.), de Perú, que también recibieron el influjo de los chavines. Los nazcas hacían gigantescos dibujos en el suelo, quitando la oscura grava de la superficie de la tierra para dejar al descubierto la roca de color claro que se hallaba bajo ella. Estas representaciones de animales sólo se pueden ver desde el aire. Aún desconocemos su significado.

La cultura mochica

La cultura mochica floreció en el valle de Moche durante seiscientos años, desde los inicios de nuestra era en adelante. Los mochicas construyeron con adobes (ladrillos de barro crudo mezclado con paja), en el centro de su valle, la gran Pirámide del Sol. Tardaron cientos de años en levantar esta pirámide, que es la mayor estructura de su clase en toda América Latina.

Los mochicas cultivaron, en el litoral de su desierto, pimientos, cacahuetes, patatas y maíz, en cantidad suficiente como para autoabastecerse y también comerciar con otros pueblos del interior. Por otra parte, los artistas mochicas fueron hábiles alfareros, tejedores, orfebres y plateros.

Máscara precolombina de mujer, realizada en oro con los ojos de jade. Ecuador.

Los artistas del oro

Uno de los pueblos más avanzados fueron los muiscas, de la actual Colombia. Los muiscas vivieron entre el pueblo maya, al norte, y los pueblos de habla quechua, al sur. Este pueblo formaba parte de los pueblos de habla chibcha, que vivieron en Centroamérica y Suramérica.

Los muiscas levantaron ciudades sirviéndose de arcilla, madera y palmeras. Su jefe, o Bogotá, era adorado como si fuera un dios. Al igual que otros pueblos chibchas de Colombia, como los **taironas**, los **sinús**, los **quimbayas** y los **tolimas**, los muiscas usaban el oro para realizar una sorprendente variedad de bellos objetos, que a menudo tenían esmeraldas engastadas.

Los tesoros del último Bogotá fueron los causantes de su muerte, así como del fin del reino chibcha. En 1537, los españoles llegaron al lugar en busca de oro (ver las páginas 24 a 33) y los muiscas fueron derrotados a pesar de su feroz resistencia.

Pectoral de oro hecho por el pueblo tolima, de Colombia.

De la costa al interior

La cultura andina de los chorreras (1200-300 a.C.), en Ecuador, tuvo también una gran influencia. Este pueblo abandonó su tradicional vida marinera para viajar al interior y cultivar maíz y mandioca. Crearon una sociedad próspera y desarrollaron nuevas técnicas cerámicas.

Las culturas se integran

Muchos pueblos andinos (especialmente los que estaban en los actuales Perú, Ecuador, Bolivia y Colombia) empezaron a mezclarse y a explorar sus respectivas culturas al existir unas rutas comerciales que permitieron establecer frecuentes contactos entre ellos. Esta época, que abarca desde el siglo VI hasta el final del siglo XV, se conoce con el nombre de período de integración.

La ciudad de Chan Chan

El pueblo chimú construyó la gran ciudad de Chan Chan a un lado del valle Moche, al borde del mar. Los chimúes gobernaron el valle Lambayeque desde, aproximadamente, el año 1350 d.C. hasta que pasaron a formar parte del imperio inca (ver las páginas 21-23) hacia 1470. Chan Chan consiste en unas diez grandes *miniciudades* amuralladas que se extienden a lo largo de unos 6 km². Nadie sabe con seguridad cómo funcionaba cada ciudad, pero los arqueólogos contemporáneos piensan que, cuando moría un gobernante chimú, éste era enterrado en su ciudad, como si se tratara de una tumba enorme. Entonces se construía otra ciudad para el siguiente rey.

Figura colosal de piedra procedente del altiplano boliviano, que data del 600 d.C.

Ésto es un vaso de cerámica con el retrato de un gobernante del pueblo mochica, del norte de Perú (un pueblo poderoso desde el siglo I al siglo VII d.C.).

Las primeras culturas mexicanas

Los habitantes de México y Centroamérica no estaban tan aislados como los que vivían en los Andes. Los distintos pueblos tenían muchas cosas en común, como por ejemplo la construcción de grandes ciudades y pirámides, la creencia en una gran variedad de dioses, la realización de sacrificios humanos, un calendario de 365 días y la escritura jeroglífica. Por otra parte, los pueblos de México y Centroamérica también cultivaban el mismo tipo de alimentos, como el maíz, las judías, el chile y los pimientos. A diferencia de los Andes, en donde coexistieron varias comunidades poderosas al mismo tiempo, aquí hubo distintos grupos de gente que, al adquirir poder, impusieron su superioridad, dominando a los demás pueblos a lo largo de diversos períodos de la historia. De este modo, todas las culturas de México y Centroamérica recibieron las influencias de otros pueblos en diferentes épocas.

Los olmecas y los zapotecas

Los olmecas (1200-1400 a.C.) procedían de las costas del golfo de México. Con el tiempo se fueron desplazando hacia las montañas. Este pueblo podía alimentar a una gran población porque sus tierras eran muy fértiles y los ríos de la región las inundaban regularmente. Su cultura produjo monumentos religiosos, pinturas rupestres y bellas esculturas, que tuvieron un influjo duradero en las civilizaciones posteriores.

Cuando declinó la cultura olmeca, uno de los grupos más numerosos que quedaron en la meseta fueron los zapotecas (800-500 a.C.). Éstos fueron unos magníficos alfareros y escultores. Además utilizaron métodos muy avanzados de **irrigación** en los cultivos.

En este mapa se muestran los lugares en donde florecieron las primeras culturas mexicanas.

Figura olmeca de terracota que representa a un niño llorando.

Esta enorme cabeza olmeca de un gobernante, encontrada en San Lorenzo, México, mide unos tres metros de altura.

13

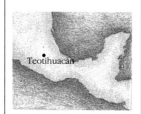

Teotihuacán

La ciudad de Teotihuacán

El pueblo más poderoso de todos los primeros pueblos mexicanos fue el que construyó la ciudad de Teotihuacán, en el valle de México. Esta civilización se remonta al comienzo de nuestra era y existió hasta el año 600. Ejerció una gran influencia sobre el resto de México.

Teotihuacán fue probablemente la capital de un poderoso imperio, pero no se han encontrado documentos escritos que hablen de ella y conocemos muy poco sobre la gente que la construyó. Sabemos que los teotihuacanos exploraron las tierras hacia el sur, controlando la zona maya (ver el mapa de la página 15), y también que fueron un pueblo de hábiles comerciantes: empleaban a miles de artesanos en la fabricación de herramientas y cerámica que exportaban a los pueblos vecinos.

Los zapotecas gobernaron desde la ciudad de Monte Albán (300-900 d.C.). Ésta se encuentra en lo alto de una colina. En su centro se alza una enorme pirámide, rodeada de templos más pequeños situados sobre plataformas elevadas.

Esta cabeza de barro con una expresión feroz se encontró enterrada junto a su propietario en la ciudad de Teotihuacán.

Adorar el Sol y la Luna

Teotihuacán era mucho más grande que cualquier ciudad europea de aquella época. Su zona central se extendía a lo largo de más de 20 km² y estaba construida en forma de cuadrícula. Se cree que la ciudad estuvo habitada por unas 125.000 a 250.000 personas, que vivían en más de 5.000 edificios, de los cuales al menos 2.500 eran casas particulares. Teotihuacán tenía calles anchas, templos, túneles y viviendas para los sacerdotes. Los dos edificios principales eran la Pirámide del Sol y la Pirámide de la Luna. Éstas estaban recubiertas de estuco blanco, decorado con escenas mitológicas de colores brillantes. Aun después de que decayera el poder de la ciudad, ésta fue de gran importancia para los aztecas (ver páginas 18 a 20), que realizaron **peregrinaciones** a ella.

Plano del centro de la ciudad de Teotihuacán.

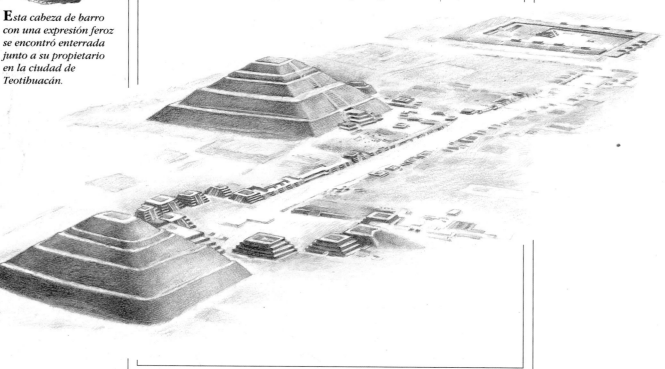

3. Los grandes imperios

Los mayas

Una civilización floreciente

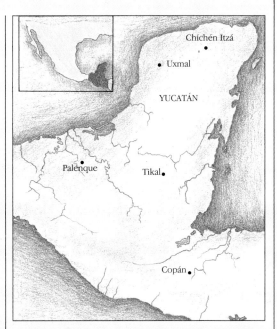

Muchos emplazamientos mayas fueron descubiertos por el norteamericano John Lloyd Stephens (1805-1852) y el inglés Frederick Catherwood (1799-1854) en sus arriesgadas expediciones por México y Centroamérica a lo largo de los años 1839-1840 y 1841-1842. Catherwood dibujó muchas ciudades y objetos que él y Stephens habían encontrado. Así, cuando se publicaron los libros de estos dos expedicionarios, salieron a la luz los inmensos templos, los palacios, las armas y las joyas de la civilización maya. Ésta floreció en la misma época en que el Imperio romano dominaba Europa, hace dieciocho siglos; aproximadamente, entre los años 300 a 900 d.C. Cuando los europeos llegaron a América Latina, en 1492, el imperio maya ya había declinado a causa de las guerras civiles y las invasiones de otros grupos indígenas, y se habían hecho con el poder primero los toltecas (ver el recuadro de la página 17) y luego los aztecas (ver las páginas 18 a 20). Éstos fueron los que lucharon contra los españoles en México, cuando tuvo lugar la conquista en el siglo XVI.

En este mapa aparecen las principales ciudades de la civilización maya. El mapa pequeño del recuadro muestra el área de América Latina habitada por este pueblo.

Los templos mayas de Tikal asoman entre las copas de los árboles del bosque tropical de Guatemala. Se calcula que en el área de 16 km² que se extiende alrededor de los templos vivieron unas cincuenta mil personas.

Contar y escribir

Los jeroglíficos que han aparecido grabados sobre los monumentos nos muestran que los mayas tenían un alfabeto. También sabemos que esta civilización poseía un sistema numérico muy exacto, que se utilizaba para realizar complejas mediciones y **ecuaciones**. El calendario maya era más exacto que el empleado en Europa por aquella época. Dividían el año en dieciocho meses, cada uno de veinte días de duración. Al acabar el año había cinco días destinados a celebraciones, y cada cuatro años existía un día de más, lo que convertía ese año en un año bisiesto.

Este dibujo de un jugador de pelota decora un jarrón maya realizado entre los años 500 y 900. En este juego practicado por los mayas se enfrentaban dos equipos rivales que tenían que pasarse una pelota maciza de caucho sin tocarla con las manos.

Grabado en color, realizado por Catherwood, en donde aparece el templo de Tulum. Este grabado procede de la obra Avatares del viaje a través de Centroamérica, Chiapas y Yucatán, de Stephens y Catherwood.

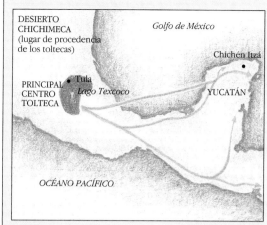

En este mapa se muestra de dónde procedían los toltecas.

Ruinas mayas de Palenque, en México. En primer plano, el Templo del Sol, y al fondo, el Templo de las Inscripciones y el Palacio.

Ciudades y campos

La prosperidad de la civilización maya se basó en la agricultura, especialmente en el cultivo del maíz. Los fértiles campos que enriquecieron el imperio permitieron alimentar a una población numerosa. Los mayas utilizaron su riqueza para crear obras de arte y levantar ciudades. Algunas de ellas se rodearon con inmensas murallas de piedra. Las casas se disponían en torno a un gran espacio central, en donde se levantaban los templos y los palacios. Cada ciudad maya constituía un estado en sí mismo, con un gobierno y unas leyes propias.

Los toltecas y los chichimecas

A partir del 900 d.C. y hasta la época de la conquista española (ver las páginas 24 a 33), tenemos mucha más información sobre los pueblos de América Latina, ya que los arqueólogos han logrado descifrar los documentos que estos pueblos nos legaron. Así, sabemos que los toltecas (900-1200 d.C.), procedentes del norte, eran un pueblo de cazadores y guerreros, que introdujeron el arco y la flecha en la región maya. Los toltecas se mezclaron con el pueblo chichimeca, y juntos fundaron la ciudad de Tula.

La Serpiente Emplumada

El maíz era tan importante para los mayas que lo adoraban como un dios. Según se tratara del maíz temprano, dulce o maduro, recibía nombres diferentes. Una serpiente con plumas, la Serpiente Emplumada, llamada Kukulcán, representaba al dios creador de todas las cosas, el maíz inclusive. Los mayas creían que esta serpiente había enseñado a los hombres a vivir en paz. Los muros de piedra de los inmensos templos y palacios mayas estaban profusamente decorados en honor de los dioses. También creaban otras obras de arte a modo de ofrendas.

Estatua maya de un hombre con la cabeza de un jaguar (600-900 d.C.).

Hacia el año 1200, los mayas fueron derrotados por los toltecas, procedentes del norte. La arquitectura, el arte y la religión mayas fueron asimilados por éstos y, más tarde, transmitidos a los aztecas.

Estas estatuas labradas con figuras de guerreros se encuentran en Tula, capital de la cultura tolteca.

Los aztecas

Los sacrificios humanos

En el año 1345, la tribu azteca, procedente del norte, se desplazó hacia el centro de México. Allí fundó Tenochtitlán –una gran ciudad sobre un lago–, e impuso su dominio a las demás tribus de la zona. Los aztecas eran guerreros temidos y odiados, que cobraban elevados impuestos, lo que les hizo muy ricos. Este pueblo creía que los dioses habían muerto para crear el sol, y que los hombres debían pagar a los dioses con el *agua sagrada* de la sangre humana.

Este mural de Diego Rivera (1886-1957) muestra cómo imaginó este artista mexicano la ciudad y las gentes de Tenochtitlán.

Este mapa muestra el área de expansión del imperio azteca hasta el año 1519. Tlaxcala y Teotitlán eran estados independientes dentro del imperio azteca.

Esta ilustración del libro Historia de las Indias de Nueva España, *escrito por Diego Durán en 1581, representa a los aztecas sacrificando a un hombre en una ceremonia religiosa.*

*E*ste calendario azteca, labrado en piedra, estaría custodiado por los sacerdotes dedicados al culto del sol. El calendario se utilizaba para recordar las festividades religiosas.

Las enseñanzas de los toltecas

En 1440, el emperador Moctezuma I mandó realizar mejoras en la ciudad de Tenochtitlán: se construyeron **acueductos** y se transformó parte del lago en tierra de cultivo. La riqueza y la paz del imperio azteca atrajeron a trabajadores y comerciantes toltecas, los cuales enseñaron a los aztecas a construir objetos con plumas y oro. Los toltecas también mostraron a los aztecas cómo observar e interpretar las estrellas y cómo utilizar un calendario.

El héroe que se convirtió en dios

La Serpiente Emplumada, dios de los mayas y toltecas, recibió el nombre de Quetzalcóatl con los aztecas. Según una leyenda de este pueblo, Quetzal era un héroe que había sido transformado en un bello pájaro con largas plumas en la cola, que se asemejaba a una serpiente. Los aztecas creían que este dios-héroe había sido derrotado por un dios maligno y que había desaparecido con un reducido grupo de guerreros en el mar del este. La leyenda anunciaba que Quetzal regresaría con un grupo de hombres de tez blanca y barba para derrotar a sus enemigos.

*E*l dios Quetzalcóatl en un dibujo azteca del siglo XVI.

La construcción de islas

Según cuenta la leyenda, los aztecas se pusieron en camino para encontrar el lugar que los dioses les habían prometido. Reconocerían el emplazamiento porque al llegar allí verían un águila posada en un cacto con una serpiente en el pico (ver la ilustración de arriba). Al cabo de mucho tiempo, encontraron el águila posada sobre una roca, en una isla del lago Texcoco. Entonces se asentaron en aquel lugar. Como la isla era pequeña, los aztecas utilizaron barro procedente del fondo del lago para ir ganando terreno por las orillas de la isla, pero sólo la tierra del centro podía soportar el peso de los edificios de piedra. Los aztecas contruyeron nuevas islas, llamadas *chinampas*, apilando barro sobre lechos de paja rodeados de unas cercas de madera clavadas en el fondo del lago. A medida que la ciudad fue creciendo, se emplearon los canales de agua como si fueran calles. Los habitantes de la ciudad pescaban en los canales y en el lago, y cultivaban verduras en la tierra fértil de las *chinampas*. Algunos de estos jardines flotantes sobreviven todavía en la ciudad de México, en Xochimilco.

*S*erpiente de dos cabezas realizada con mosaicos de turquesa, una piedra que representa el fuego.

La vida de los aztecas

Se cree que el imperio azteca tuvo más de diez millones de habitantes en su momento de máximo apogeo, a principios del siglo XVI. Un imperio tan grande necesitaba un gobierno poderoso, por lo que los guerreros cobraron mucha importancia en la sociedad azteca. Por otra parte, los comerciantes viajaban a través del imperio vendiendo sus mercancías y actuando también como espías. Muchísimos documentos fueron redactados en secreto por un grupo especial de sacerdotes, casi como si se tratara de un moderno servicio secreto. Los aztecas escribieron estos documentos con jeroglíficos sobre un tipo de papel hecho de corteza de árbol. La escritura constituyó un aspecto importante de la vida azteca: la emplearon para realizar listas de impuestos, documentos legales, textos religiosos y sus propios libros de historia.

Los aztecas intercambiaban productos y utilizaban semillas de cacao como dinero, ya que éstas se llevaban con facilidad. Más de 60.000 aztecas hacían la compra a diario en la capital. Sus mercados estaban bien organizados, pero muy abarrotados. Se podía comprar de todo, desde comida hasta esclavos, cerámica, tejidos y oro. Estos mercados asombraron a los soldados españoles que llegaron a México a comienzos del siglo XVI, que afirmaron que nunca habían visto nada semejante en Europa.

El comercio constituyó una parte importante de la vida diaria en la capital azteca de Tenochtitlán. Las gentes del imperio azteca llevaban allí sus mercancías para comerciar con sus cien mil habitantes.

Sacsahuamán está en las afueras de la moderna ciudad de Cuzco, y fue el escenario de muchas batallas.

Los incas

En el período antiguo (del 1500 a.C. al 1200 d.C.) hubo dos focos principales de civilización en la región andina: Nazca, en la costa del Pacífico, y Tiahuanaco, cerca del lago Titicaca. Sin embargo, hacia el 1100 d.C., los incas de habla quechua llegaron a los Andes procedentes del sur (lago Titicaca) y fundaron la ciudad de Cuzco. Con el tiempo empezaron a explorar y conquistar nuevas tierras hasta establecer el imperio más organizado de América Latina, que se mantuvo en el poder hasta aproximadamente el año 1530. Los incas edificaron grandes ciudades y gobernaron sobre un extenso territorio, el equivalente a los actuales Perú, Ecuador, el oeste de Bolivia, el norte de Chile y el noroeste de Argentina.

La ciudad colonial de Cuzco fue levantada sobre ruinas incas. La iglesia de los jesuitas puede verse en el centro.

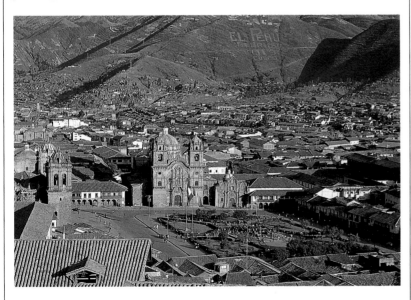

Mapa que muestra la extensión del imperio inca, desde la época de su primer gobernante, Manco Capac, que reinó aproximadamente desde el 1230, hasta el final del mandato de Huayna Capac, que gobernó de 1493 a 1525.

Ilustración del siglo XVII que representa el inca encargado del quipu.

Escribir con nudos

Los incas emplearon unos sistemas de cuerdas y nudos llamados *quipus*, en lugar de un alfabeto. Varias cuerdas colgaban de una cuerda principal de lana y cada una estaba anudada. Cada nudo, o serie de nudos, representaba un acontecimiento o una magnitud. Estos nudos nos parecen muy complicados pues desconocemos el código que empleaban, pero el sistema funcionaba muy bien para los incas.

Dibujo realizado en el siglo XVII del fundador de Cuzco, Manco Capac, el primer Inca.

Las ruinas del gran emplazamiento inca de Machu Picchu (abajo e ilustración) no se descubrieron hasta el año 1911. Machu Picchu sólo está a 69 km del centro neurálgico de Cuzco, pero es un lugar remoto que se encuentra situado en lo alto de una abrupta cadena montañosa, a 625 m sobre el río Urubamba.

El hijo del Sol

Originariamente, el título de *Inca* se otorgaba al emperador, que era, según las creencias del pueblo inca, el hijo del Sol. Como el Sol era su dios más poderoso, el emperador, el Inca, era también una persona muy poderosa. Los símbolos del poder del Inca eran pesados discos de oro que éste y su familia llevaban colgados de las orejas. Los parentescos familiares eran muy importantes en la sociedad inca: cada grupo familiar formaba un clan. Cada clan, a su vez, tenía un jefe, pero todos los clanes estaban bajo el control del Inca. Los oficiales del Inca viajaban por todo el imperio para vigilar los clanes y mantener informado al emperador. Los incas construyeron una red de carreteras que se extendía por todo el imperio, a pesar de no tener caballos, carros ni ruedas. Todos los viajes por tierra se realizaban a pie. Los *tambos* eran pequeños edificios diseminados a lo largo de los caminos a intervalos regulares. Había, probablemente, unos mil *tambos* en todo el imperio. Allí permanecían dos mensajeros, llamados *Chaskis:* uno vigilaba mientras el otro descansaba. Un mensajero iba corriendo de un *tambo* a otro, en donde otro mensajero tomaba el relevo. De esta manera se transmitían rápidamente las noticias y se comunicaban las leyes.

Los incas construyeron unos cuarenta mil kilómetros de caminos como el que aparece en la foto.

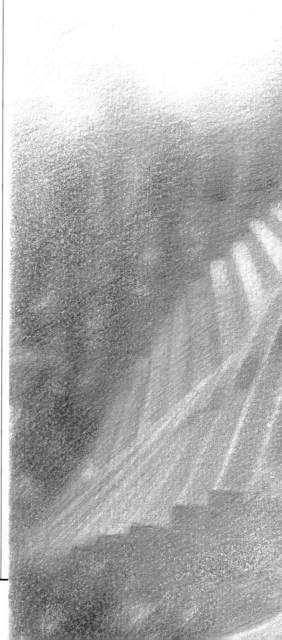

Los inmensos sillares de este muro levantado por los incas están tallados con tal perfección que resulta imposible introducir una hoja de papel entre sus juntas.

Agricultores y artistas

En la sociedad inca todos tenían que trabajar, pero nadie recibía un salario por las tareas que realizaba. Los niños, por ejemplo, ayudaban a proteger las cosechas ahuyentando a los pájaros. La gente construía terrazas levantando muros de piedra en las laderas de las montañas para cultivar en ellas los alimentos. Los acueductos y canales llevaban agua a los campos, que se abonaban con los excrementos de las aves marinas. Durante el transcurso de las fiestas religiosas, ofrecían al Sol pequeños animales y alimentos con el fin de agradar a los dioses y así asegurar las cosechas. Tenían además enormes graneros para almacenar el maíz y las patatas, que se repartían luego entre el pueblo llano, los cortesanos y los sacerdotes.

A los artistas se les respetaba tanto que, en vez de pagar impuestos, se daban algunas de sus obras al pueblo. Algunas artes, como el de tejer, el vaciado en bronce, la alfarería y la orfebrería, alcanzaron un alto nivel de perfección con este pueblo.

4. La llegada de los europeos

Las exploraciones

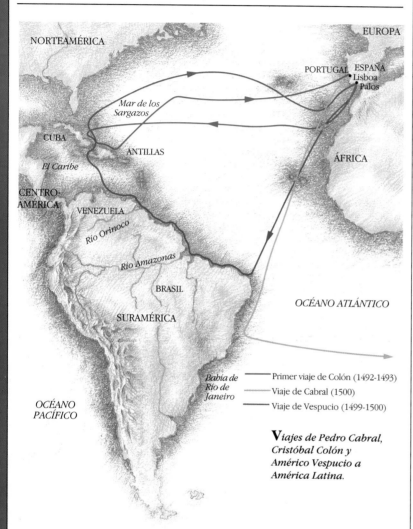

Viajes de Pedro Cabral, Cristóbal Colón y Américo Vespucio a América Latina.

Primer viaje de Colón (1492-1493)
Viaje de Cabral (1500)
Viaje de Vespucio (1499-1500)

A finales del siglo XV, la vida de los habitantes de América cambió para siempre. Los europeos estaban listos para emprender la navegación hacia el oeste. Al llegar, clavaron sus banderas en suelo americano y tomaron posesión del continente.

Cristóbal Colón

Cristóbal Colón llegó al Nuevo Mundo en 1492, navegando bajo la bandera de Castilla. El descubrimiento de estas nuevas tierras provocó un enfrentamiento entre Castilla y Portugal, ya que los dos países reclamaban sus derechos sobre *las Indias*, que era el nombre empleado para designar las tierras descubiertas. El Papa intervino y resolvió la disputa por medio del Tratado de Tordesillas, firmado en 1494, según el cual se trazó una línea de norte a sur a lo largo del continente: las tierras que estuvieran al este de la línea pertenecerían a Portugal, y las que estuvieran al oeste serían propiedad de la corona de Castilla.

Retrato de Cristóbal Colón.

En busca de nuevas rutas comerciales

Colón emprendió su aventura con el fin de hallar una nueva ruta marítima para llegar a Asia desde Europa. Durante la Edad Media, todo el comercio entre estos dos continentes se había llevado a cabo por tierra, en largas **caravanas** a través de Asia hasta llegar a Constantinopla. Sin embargo, Constantinopla había sido tomada por los turcos. Los comerciantes europeos se vieron, pues, en la necesidad de encontrar nuevas rutas. Los portugueses exploraron la costa africana, buscando un paso al océano Índico. Colón estaba convencido de que la Tierra no era plana, que era lo que la mayoría de la gente creía en aquella época, sino redonda. Aseguraba por tanto que, navegando hacia el oeste, llegaría finalmente al este. Colón no sabía que entre Europa y Asia había otro continente.

Este dibujo de finales del siglo XVI muestra la bienvenida dispensada a Colón por los indígenas.

Pintura holandesa en la que podemos ver cómo eran los navíos de guerra portugueses, llamados carracas, hacia el año 1530. Por esas fechas, los portugueses exploraron la costa de Brasil.

Animales y dioses

Al principio, los europeos pensaron que los pueblos del Nuevo Mundo estaban gobernados por los poderosos y famosos emperadores japoneses y chinos. También creyeron que las tierras recién descubiertas eran tan ricas como las que había descrito el comerciante veneciano Marco Polo (1254-1324) en su famoso libro *Los viajes de Marco Polo*. Colón escribió en su diario que pensaba que había llegado al *paraíso* por la gran hermosura de las gentes y de la tierra. Sin embargo, algunos conquistadores pronto decidieron que los indios no tenían alma y empezaron a tratarlos como seres inferiores.

Muchos mitos aztecas hablaban de dioses deslumbrantes que algún día regresarían a su tierra (ver la página 19). Cuando llegaron los españoles procedentes del este, a caballo y vestidos con relucientes armaduras, los indios se llenaron de alegría. Les recibieron con los brazos abiertos, pensando que eran los dioses que les habían anunciado (ver la página 28).

Buscando enriquecerse

Colón realizó cuatro viajes a América. En el tercero desembarcó en tierra firme. Seguramente su primera escala fue en lo que hoy llamamos Venezuela, probablemente en la Punta Bombeador. En el cuarto viaje, en 1502, exploró las costas de Centroamérica. Mientras tanto, los portugueses habían navegado hasta la India bordeando el sur de África.

Tanto España como Portugal estaban decididos a extender sus respectivos imperios y enriquecerse rápidamente. De ahí la importancia dada a la búsqueda de nuevas rutas comerciales y tierras.

Los nuevos mapas

En cada expedición española se fue explorando más tierra y así, poco a poco, se fueron trazando los mapas del continente desconocido. En un principio, los nuevos exploradores sólo conocían el litoral. Algunos de los hombres que habían acompañado a Colón en sus travesías llevaron a cabo sus propias expediciones a la zona septentrional de América Latina. En Maracaibo encontraron poblados sobre lagos y llamaron a esta región *Venezuela*, que significa pequeña Venecia, por su parecido con la ciudad italiana. Otros hombres comerciaron con los indios para conseguir perlas y madera. En el año 1499, Vicente Yáñez Pinzón (1460-1524), que había acompañado a Colón en su viaje de 1492, cruzó el ecuador, encontró la desembocadura del río Amazonas y llegó al noreste de Brasil.

Los portugueses también estaban realizando exploraciones por el Nuevo Mundo y, después de que Pedro Cabral (1460-1526) descubriera Brasil en el año 1500, se dedicaron a explorar el sur de América Latina. Dos años más tarde llegaban a la bahía de Río de Janeiro. Los barcos portugueses emprendían la travesía de regreso cargados con la valiosa madera roja del lugar, procedente del árbol llamado Brasil, nombre que los europeos dieron finalmente a este país.

En busca de otro mar

A comienzos del siglo XVI, ya resultaba evidente que el nuevo continente no era Asia, como habían creído los exploradores en un principio. La tierra descubierta era demasiado extensa como para ser una isla, por lo que continuó la búsqueda de una ruta hacia las Indias. Algunos exploradores se aventuraron tierra adentro y, así, el español Vasco Núñez de Balboa (1475-1519) cruzó el istmo de Panamá y fue el primer europeo que vio el océano Pacífico en 1513. Dicen los historiadores de la época que Balboa, emocionado por el maravilloso espectáculo, cayó de rodillas y lloró. Con todo, ésta no era una ruta comercial apropiada para los barcos, por lo que la búsqueda de un paso al océano Pacífico prosiguió. Algunos exploraron el río Amazonas, pero sufrieron una gran decepción al comprobar que no era una ruta hacia el mar. Más al sur, el estuario de La Plata tampoco proporcionaba acceso al Pacífico. Por fin, en el año 1519, el navegante portugués Fernando de Magallanes (1480-1521) comenzó su viaje de descubrimiento hacia el oeste, en una de las travesías marítimas más difíciles realizadas jamás (ver el recuadro de la derecha).

El reparto de América Latina

En 1534, Carlos I de España y Juan III de Portugal realizaron la partición y **colonización** de América Latina. Los reyes trazaron en el mapa líneas rectas paralelas al ecuador. En el lado español, al oeste, se delimitaron cuatro gobernaciones: Nueva Andalucía, Nueva Castilla, Nueva Toledo y Río de la Plata. Ya en 1535, se instituyó el virreinato de Nueva España, que abarcaba todo el espacio dominado por los españoles en América Central y del Norte, e incluía las Antillas. Tras la conquista del Perú, se estableció otro virreinato en 1543.

Al este de la línea de demarcación de Tordesillas (ver la página 34), los portugueses dividieron la costa de Brasil y sus alrededores en 15 capitanías.

La vuelta al mundo

Magallanes y su tripulación vivieron con los indios del sur de Argentina durante un tiempo, en el transcurso de su crudo invierno. Los indios llevaban espesas pieles enrolladas en los pies, por lo que los marineros les llamaron patagones, es decir, *patas grandes*. Magallanes exploró los pequeños ríos, las islas y las peligrosas rocas de la costa con la ayuda de los indios onas, que encendían hogueras a lo largo de la costa para guiar sus barcos. A causa de estas hogueras, Magallanes bautizó el lugar con el nombre de Tierra del Fuego.

Una vez que se hubo descubierto finalmente el paso al Pacífico, Magallanes emprendió una travesía de dos meses por este océano. Bajo un sol abrasador, el agua se corrompió, los alimentos se pudrieron y los hombres se vieron obligados a comer ratas, serrín y cuero. Cuando en 1521 llegaron a las islas conocidas con el nombre de las Filipinas, Magallanes fue asesinado en un ataque de los indígenas. Entonces la tripulación prosiguió su viaje a las órdenes de Sebastián Elcano (1476-1526). Regresaron a España a finales de ese mismo año de 1521. Después de tres años de viaje y tras haber sobrevivido al fuego, al hielo, a las tormentas y a los motines, sólo unos pocos llegaron a España. Eran los primeros hombres en haber navegado alrededor del mundo.

Retrato de Fernando de Magallanes.

Grabado del siglo XVI con la efigie de Vasco Núñez de Balboa.

Este grabado de finales del siglo XVI nos muestra la dureza con la que eran tratados los indios del Perú por los conquistadores españoles (ver página 29).

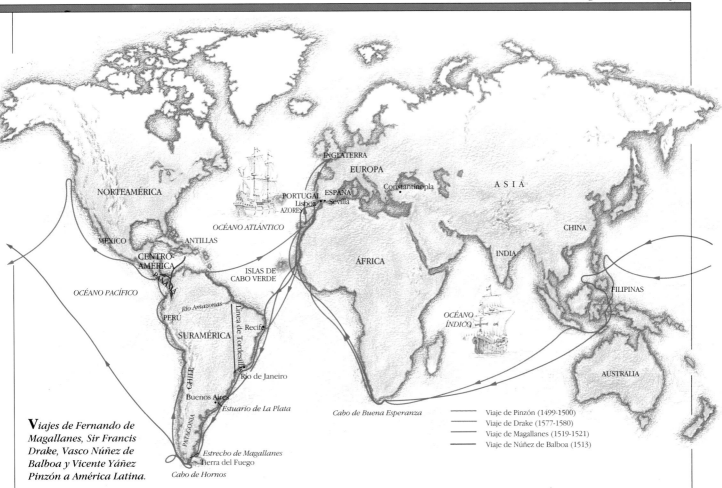

Viaje de Pinzón (1499-1500)
Viaje de Drake (1577-1580)
Viaje de Magallanes (1519-1521)
Viaje de Núñez de Balboa (1513)

Viajes de Fernando de Magallanes, Sir Francis Drake, Vasco Núñez de Balboa y Vicente Yáñez Pinzón a América Latina.

La religión y el oro

En su búsqueda de nuevas rutas comerciales por mar, los conquistadores habían descubierto nuevas tierras. Éstas estaban habitadas por gente pacífica y amistosa por regla general, que adoraba a muchos dioses. Los conquistadores fueron acompañados de sacerdotes de la Iglesia católica, que intentaron convertir a los indios al cristianismo. Sin embargo, los hombres que se habían embarcado en estas aventuras lo habían hecho con el fin de enriquecerse. Buscaban oro, plata, perlas, piedras preciosas y esclavos, y estaban dispuestos a matar a comunidades enteras con tal de conseguir sus fines.

Retrato de Sir Francis Drake.

El pirata Drake

Algunos años después del viaje de Magallanes, la reina Isabel I de Inglaterra envío a Sir Francis Drake (1545-1596) en un viaje alrededor del mundo. Drake ya había atacado barcos y tierras españolas en el Caribe. Tras llegar al océano Pacífico, el pirata inglés navegó a lo largo de la costa para, de ese modo, poder atacar de improviso a las colonias españolas de Chile y Perú. Nadie esperaba sus ataques por sorpresa, por lo que logró apoderarse de un gran botín de oro.

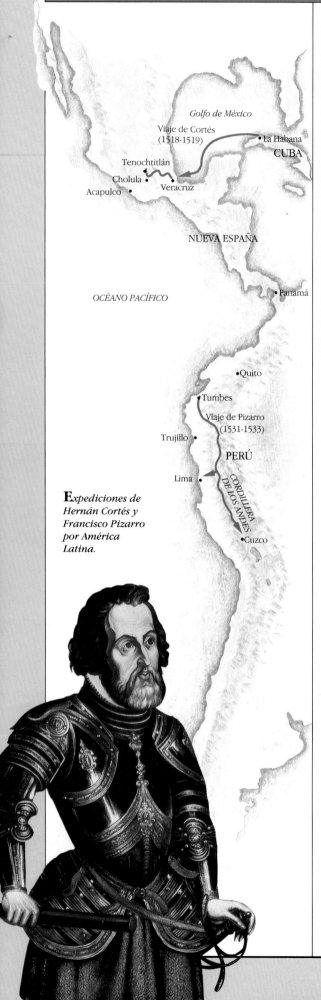

Golfo de México

Viaje de Cortés
(1518-1519)

• La Habana

CUBA

Tenochtitlán •

Cholula •

Acapulco •   • Veracruz

NUEVA ESPAÑA

OCÉANO PACÍFICO

• Panamá

• Quito

• Tumbes

Viaje de Pizarro
(1531-1533)

Trujillo •

PERÚ

Lima •

CORDILLERA DE LOS ANDES

• Cuzco

Expediciones de
Hernán Cortés y
Francisco Pizarro
por América
Latina.

*****D**ibujo europeo del siglo xix en el que aparecen monjes españoles dirigiendo la destrucción de las estatuas de los dioses aztecas.*

Explorar para conquistar

La conquista de México

México fue conquistado entre los años 1519 y 1521 por el español Hernán Cortés (1485-1547), que llevaba armas de fuego, caballos y feroces perros. Al llegar a tierra con sus hombres, Cortés ordenó hundir las naves para que nadie pudiera regresar a casa. El emperador azteca Moctezuma le envió regalos, entre ellos una imagen dorada del sol y una luna de plata tan grandes como una rueda de carro. Estos objetos acrecentaron la avaricia de Cortés y su ambición por apoderarse de la capital de Tenochtitlán. En su marcha hacia el interior, el español estableció alianzas con los enemigos de Moctezuma, destruyó los templos y las ciudades aztecas y levantó cruces sobre las ruinas.

Quetzalcóatl era el dios azteca de las encrucijadas de los caminos, por lo que, cuando los aztecas vieron las cruces cristianas del español, quedaron convencidos de que los hombres blancos con barba, de los que hablaba la antigua leyenda, habían llegado procedentes del este en calidad de dioses (ver la página 19). Por ello, Moctezuma dio la bienvenida en la capital a Cortés como si fuera el dios Quetzalcóatl. Cuando los españoles abrieron fuego en una procesión religiosa, los indios se dieron cuenta de su error y comenzaron a luchar. Los españoles sitiaron la ciudad durante meses hasta que los aztecas fueron finalmente derrotados. El 13 de agosto de 1521, Cuauhtémoc se rindió tras ser apresado mientras huía en una canoa.

*****R**etrato de Hernán Cortés, hecho por el maestro Saldaña (izquierda).*

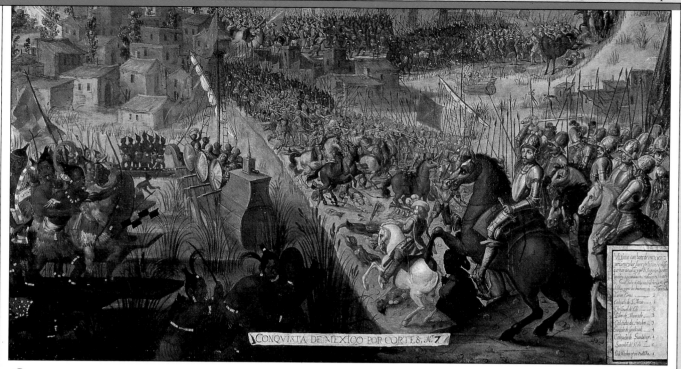

Cuadro de la última batalla de la conquista de México. Cortés aparece en primer plano, a caballo y revestido con su armadura.

La conquista de Perú

El emperador inca Huayna Capac murió poco antes de que los españoles tomaran Perú. Su muerte fue seguida de una guerra civil entre sus dos hijos, Huáscar, que controlaba el sur de Perú, y Atahualpa, que controlaba Ecuador. El español Francisco Pïzarro (1470-1541) inició en 1531 su expedición definitiva a Perú, encontrándose el país devastado por la guerra civil. Pizarro había estado planeando su expedición durante mucho tiempo porque había oído hablar de la fabulosa riqueza de los incas. Llevó consigo 180 hombres armados, 37 caballos y algunos intérpretes. Atahualpa invitó a Pizarro, que marchó a reunirse con él. Al llegar a su campamento, Pizarro le envió una embajada solicitando ser recibido. Finalmente, éste accedió a hacerlo al día siguiente. Rodeado por un ejército muy superior en número, Pizarro trazó una emboscada y logró apresar al *inca*.

El precio de la libertad

Para comprar su libertad, Atahualpa ofreció como rescate llenar una vez una habitación pequeña de oro y dos veces de plata. A los incas les llevó muchos meses el reunir este tesoro con metales preciosos procedentes de todos los rincones de su imperio. Se llegaron a incluir 700 placas de oro procedentes del Templo del Sol, en Cuzco. Una quinta parte del tesoro estaba destinada al rey de España; a cada soldado también le correspondió una cantidad importante. Con todo, Atahualpa no compró su libertad, ya que Pizarro le sometió a juicio, acusado de atentar contra la seguridad de los españoles, y lo condenó a muerte, aplicándosele la pena de garrote. Tras la muerte de Atahualpa, Pizarro conquistó el resto de Perú sin dificultad antes de finales de 1533.

Grabado del siglo XVIII con la figura de Pizarro.

Dibujo de la ejecución de Atahualpa en 1532, realizado en 1615 por el artista Guaman Poma de Ayala.

Tesoros legendarios

Esta máscara de oro precolombina tiene ojos de platino que cuelgan de pequeños alambres. Los conquistadores ambicionaban apoderarse de muchos tesoros como éste.

Lope de Aguirre (hacia 1510-1561) se unió en 1560 a una expedición de 300 hombres en Perú para encontrar los tesoros de El Dorado. La expedición dejó Lima, cruzó los Andes y siguió el curso de los ríos Huallaga y Marañón. Al llegar al Amazonas, Aguirre encabezó un motín y luego se dirigió con sus hombres Amazonas abajo, asaltando los pueblos que encontraba a su paso. Aguirre fue capturado y ejecutado en 1561.

Los fabulosos tesoros que los conquistadores arrebataron a los aztecas y a los incas no eran comparables a aquellos a los que hacía referencia la leyenda de El Dorado. Después de conquistar las civilizaciones que realmente existían, comenzó la febril búsqueda de ciudades y tesoros míticos.

La búsqueda de El Dorado

La leyenda latinoamericana más duradera fue la de El Dorado, el hombre de oro. Esta historia se originó, probablemente, a partir de un ritual religioso muisca. Los indios muisca (ver el recuadro de la página 12) formaban parte de la tribu chibcha, que vivía en las montañas de Colombia, cerca de un lago que era casi redondo. Todos los años, los indios celebraban una ceremonia para dar gracias al dios dorado que ellos creían que vivía en el fondo del lago. Durante el transcurso de la ceremonia, su jefe era ungido con un aceite pegajoso y luego rociado con polvo de oro hasta parecer una brillante estatua viviente. Entonces se dirigía hacia el agua, a la cabeza de una procesión, se metía en una balsa y remaba hasta el centro del lago. Una vez allí, se sumergía en el agua, desprendiéndose el oro de su cuerpo.

Lago Guatavita, en Colombia. Aquí es donde probablemente los ritos religiosos de los jefes chibchas dieron pie a la leyenda de El Dorado.

En la orilla, su pueblo arrojaba al lago esmeraldas y objetos de oro, a modo de ofrendas para su dios.

Otra leyenda hablaba de un reino que se hallaba en el bosque tropical, en el que tanto las personas como las cosas, salvo los alimentos, estaban cubiertas de una fina capa de oro que se desprendía todos los días. Esta historia pasó a formar parte de la leyenda de El Dorado. Hubo mucha gente avariciosa que buscó este lugar, y que fue sembrando la destrucción a su paso. El monarca español cedió Venezuela a los alemanes. Éstos conquistaron las tierras y aterraron a los indígenas mientras buscaban oro. Llegaron a reunir 100 kilos de oro, pero no encontraron El Dorado.

Algunos de los ríos que los exploradores europeos remontaron en busca de El Dorado.

Prosigue la búsqueda

El inglés Sir Walter Raleigh (hacia 1552-1618) remontó el río Orinoco en 1595 en busca de El Dorado. Su expedición constaba de cinco pequeño navíos, cada uno con cien hombres, que tuvieron que remar contra corriente. Cuando los barcos de Raleigh superaron por fin el delta, navegaron por el curso principal del río. A Raleigh le impresionó tanto la belleza del paisaje que afirmó: "Pasamos por el lugar más hermoso contemplado jamás por mis ojos".

Raleigh se detuvo cerca del poblado de Morequito, en la desembocadura del río Caroní, donde conoció al jefe del lugar, un hombre llamado Topiawari. Se decía que Topiawari tenía ciento diez años y, sin embargo, caminó muchos kilómetros a través de la selva para ofrecerle a Raleigh alimentos. Raleigh y sus hombres no fueron capaces de remontar el río Caroní, por lo que regresaron a Inglaterra llevando consigo sus sueños frustrados y más historias sobre El Dorado.

¡Piratas!

Los franceses, ingleses y holandeses no aceptaban la división de América Latina tal y como se había acordado en el Tratado de Tordesillas (ver las páginas 24 y 26). Estas naciones deseaban hacerse con una parte de los tesoros encontrados en el nuevo continente. Por un lado, hubo piratas que se dedicaron a atacar los barcos españoles y portugueses que regresaban a Europa cargados con oro y plata procedente de América Latina. Por otro, se organizaron diversas expediciones europeas. Francia estableció dos colonias en Brasil y los holandeses gobernaron las ciudades y las plantaciones de caña de azúcar del noreste de Brasil durante veinticinco años. Sin embargo, estos colonos acabaron huyendo de los portugueses, que decidieron proteger sus intereses.

Grabado de principios del siglo XVII, en el que aparece Raleigh tomando prisionero al gobernador español de St. Joseph (Trinidad) en el año 1595.

5. Explorar países nuevos

Una montaña de plata

Grabado del siglo XVII en donde se ve a los indígenas trabajando en las minas de plata de Potosí.

En 1545, cerca del poblado de Potosí, en la actual Bolivia, un indio descubrió una montaña que brillaba por ser de plata pura.

En menos de treinta años, Potosí tuvo tantos habitantes como Londres en nuestros días. Un siglo más tarde, en el transcurso de una ceremonia religiosa, se cambiaron las piedras que pavimentaban las calles de Potosí por lingotes de plata. Se decía que hasta las herraduras de los caballos de Potosí eran de este metal precioso. Fue así como Potosí se convirtió en una próspera ciudad, en donde muchos artistas trabajaban para las iglesias, las casas de los ricoshombres y los palacios. Había tanta plata en Potosí, que la cantidad llevada a España en un siglo y medio triplicaba las reservas de plata existentes en toda Europa en aquella época.

Potosí en la actualidad, con la ciudad colonial que creció alrededor de la montaña.

Un único gobernante

En el año 1578, el rey Sebastián de Portugal desapareció en una batalla contra los moros. Como no tenía hijos, la corona portuguesa pasó a manos de Felipe II de España en 1580, y los dos reinos permanecieron unidos sesenta años. Durante este tiempo nadie se preocupó por la línea de Tordesillas (ver las páginas 24, 26 y 31). Los portugueses y sus descendientes nacidos en Brasil, los *bandeirantes* (también conocidos como los *exploradores*), se aprovecharon de esta situación para extender su territorio y explorar el interior del continente.

En un primer momento los *bandeirantes* realizaron expediciones al interior en busca de esclavos indios para trabajar en sus plantaciones de azúcar. Sin embargo, los sacerdotes **jesuitas** que habían establecido misiones en Paraguay defendieron a los indios. Además, proliferaba la trata de negros realizada por europeos, cuyos barcos transportaban esclavos africanos a los campos del norte de Brasil. Esto hizo que los *bandeirantes* cambiaran de objetivo y se dedicaran a buscar piedras y metales preciosos en vez de esclavos.

Retrato de Felipe II de España (1527-1598).

Las minas de oro

Hasta mediados del siglo XVIII, los *bandeirantes* vagaron por el interior en busca de diamantes y oro, y fundaron ciudades. La capital de Brasil pasó de Bahía, cercana a las plantaciones de azúcar, a Río de Janeiro, próxima a las minas. La mayor parte de la riqueza procedente de dichas zonas se llevaba a Portugal, y desde allí a Inglaterra, ya que este país suministraba a Portugal (y a Brasil) muchos productos manufacturados. Otra parte servía para costear la compra de cada vez más esclavos africanos con destino a las minas, y también para levantar magníficas catedrales repletas de oro, cuadros y esculturas. Los portugueses consiguieron así oro y diamantes de América Latina, pero no emplearon esa riqueza para crear una economía en su colonia. Así, por ejemplo, abandonaron la construcción de carreteras e hicieron que el arte de tejer constituyera un delito. Con estas medidas trataban de impedir que las mercancías producidas en América Latina pudieran competir con las mercancías enviadas al continente desde Portugal.

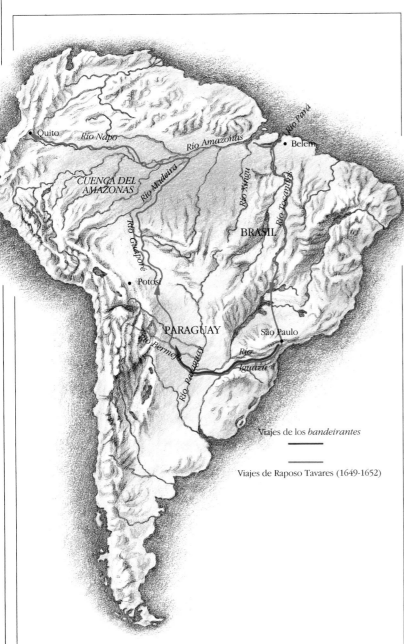

*E*n este mapa se muestra el viaje de Raposo Tavares y las exploraciones de los bandeirantes *por el interior de su país.*

Raposo Tavares

En sus exploraciones, los *bandeirantes* ignoraron la línea imaginaria que dividía las posesiones portuguesas y españolas. Dejaron Sâo Paulo (Brasil) y siguieron los ríos que discurrían hacia el oeste. Viajaron tan lejos como pudieron para así extender las fronteras de su país y buscar oro. El más notable explorador fue Raposo Tavares, cuya expedición a pie duró cuatro años, cubriendo 12.000 km. Tavares viajó por los actuales Paraguay y Bolivia, remontó el río Madeira hasta el Amazonas, fue del océano Atlántico a la cordillera de los Andes y del trópico de Capricornio al ecuador.

*L*a Iglesia católica construyó muchas iglesias en *América Latina, donde el catolicismo sigue siendo hoy día la religión mayoritaria.*

La mayoría de edad

El momento del cambio

América Latina producía oro, plata, esmeraldas y diamantes que los barcos transportaban a Europa, junto con madera, azúcar, tabaco y algodón. España y Portugal ejercían un **monopolio** sobre todo el comercio e imponían fuertes impuestos a sus colonias.

Los criollos –de padres europeos, pero nacidos en América Latina– reclamaban cada vez con más fuerza una mayor participación en el gobierno y también más poder. Por otro lado, los esclavos y los indígenas de América Latina realizaban casi todo el trabajo, pero apenas poseían nada. Poco a poco cundió entre la población el deseo de independizarse de sus metrópolis.

Mientras tanto, en la segunda mitad del siglo XVIII, se iniciaba en Gran Bretaña la llamada **revolución industrial**. Las fábricas que se estaban creando precisaban materias primas para hacer nuevos productos, y también compradores para así poder prosperar. Sin embargo, los esclavos y los pobres de América Latina carecían de riqueza, por lo que no podían comprar nada. La presión internacional contra la esclavitud fue haciéndose cada vez más fuerte.

La piña y el maíz proceden del continente americano.

NORTEAMÉRICA

Boston
Nueva York

Charleston

cebada, ganado, avena, centeno y t
café y azúc
chile, maíz, algodón,
patata, tabaco y tomate

MÉXICO · Golfo de México
CENTROAMÉRICA · La Habana
Veracruz · BELICE · CUBA
GUATEMALA · Cacao y vainilla · LA ESPAÑOLA
EL SALVADOR · HONDURAS · PUERTO RICO
NICARAGUA · MAR CARIBE
COSTA RICA · VENEZUELA
PANAMÁ
OCÉANO ATLÁN
esclav

OCÉANO PACÍFICO

Río Orinoco
COLOMBIA
Quito
ECUADOR
Río Amazonas
Patutas
Lima · PERÚ
SURAMÉRICA
Re
BOLIVIA · BRASIL
Potosí
Río de Janeiro
PARAGUAY
CHILE · URUGUAY
Buenos Aires
ARGENTINA

mandioca, maíz, cacahuete, batata y tabaco

Cabo de Hornos

INGLATERRA

EUROPA

ESPAÑA

PORTUGAL
• Lisboa
• Cádiz

ÁFRICA

Costa del Oro

Costa de
los Esclavos

esclavos

• Luanda

esclavos

Los europeos no sólo buscaron oro y capturaron esclavos, también se dedicaron al comercio. América Latina proporcionaba a Europa valiosos tintes y nuevos alimentos, como el maíz, las patatas, los tomates y los cacahuetes.

Esclavos africanos lavando oro en la meseta brasileña. Este grabado fue realizado por Johan Moritz Rugendas (1802-1858) (ver la página 39).

Grabado de Toussaint L'Ouverture vestido con uniforme militar europeo.

Las repúblicas rebeldes

A comienzos del siglo XVII, los esclavos africanos empezaron a escaparse de las plantaciones del noreste de Brasil. Exploraron el interior y fundaron Palmares, una república situada en medio de un bosque. Pronto, muchos otros esclavos se fugaron de las plantaciones para ir hasta allí. A pesar de la feroz **guerra de guerrillas** que mantuvo contra los portugueses, Palmares logró resistir durante más de un siglo.

Otra rebelión notable se produjo en el Caribe en el año 1791. Influido por las ideas revolucionarias francesas, un antiguo esclavo de la colonia de Santo Domingo, llamado Toussaint L'Ouverture (1746-1803), logró, en tan sólo ocho años, abolir la esclavitud, vencer al ejército francés y establecería la primera república independiente de América Latina.

La lucha por la libertad

Durante el siglo XVIII, Brasil intentó varias veces alcanzar la independencia. El intento más significativo fue el encabezado por Joaquim José de Silva Xavier (1748-1792), más conocido como Tiradentes, en el año 1789. Sin embargo, a muchos brasileños adinerados no les interesaba la abolición de la esclavitud. Cuando el país alcanzó finalmente la independencia en 1822, lo hizo de un modo pacífico, al proclamarse emperador el hijo del rey de Portugal. Éste se había refugiado en Río de Janeiro para huir de la ocupación francesa. La esclavitud no se abolió hasta 1888. La monarquía se mantuvo hasta 1889, año en que se estableció la república.

Por otro lado, en el siglo XVIII, Hispanoamérica se hallaba dividida en provincias y cuatro **virreinatos**. La lucha por la independencia no dio sus frutos hasta pasado mucho tiempo. Los terratenientes no se involucraron en la lucha por la libertad hasta la abdicación de Fernando VII, al producirse la invasión de Napoleón Bonaparte (1769-1821) en España, en 1808. Entonces, ante el vacío de poder, se formaron juntas locales, y los criollos más atrevidos declararon su independencia.

El año 1810 fue muy importante para la libertad en América Latina. En Venezuela, Francisco Miranda (1750-1816) dirigió una guerra de independencia durante dos años, pero fue traicionado y los españoles le encarcelaron. Finalmente, Simón Bolívar logró la independencia de este país en 1821 (ver recuadro).

En México, en el año 1811, un sacerdote llamado Miguel Hidalgo (1753-1811) lideró una rebelión armada contra los españoles. Hidalgo fue derrotado y asesinado, pero le sucedió inmediatamente otro sacerdote, José Morelos (1765-1815), el cual intentó abolir la esclavitud y establecer una república. Morelos, sin embargo, fue fusilado en 1815, y México no alcanzó la independencia hasta 1822, momento en que el país fue gobernado por un oficial del ejército mexicano, para más tarde establecerse una república (1824).

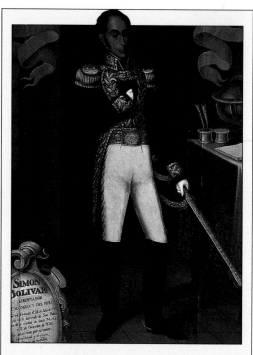

Simón Bolívar

Simón Bolívar (1783-1830), llamado El Libertador, liberó Venezuela, su país natal, en 1821, y luego Colombia y Ecuador en 1822, Perú en 1824 y Bolivia (que tomó este nombre en su honor) en 1825. Bolívar comenzó a luchar contra los españoles en Venezuela en 1810, pero fue derrotado y tuvo que huir del país. El Libertador fue presidente de la Gran Colombia (la unión de Venezuela, Colombia y Ecuador) desde 1822 hasta 1830.

Grabado francés de la ciudad de México, en donde aparecen la catedral y la plaza Mayor. Este grabado procede de la obra Viaje pintoresco por México, escrita por Carl Nebel en 1836.

Mapa donde aparecen algunas de las batallas más importantes en las que lucharon San Martín y Bolívar para conseguir la independencia de América Latina.

E*ste detalle del* Mural de la Independencia Mexicana *(1960), realizado por Juan O'Gorman, representa al padre Hidalgo, en el centro, sujetando una antorcha, y a Simón Bolívar, de pie, a su derecha.*

Una nación unificada

Tras lograr la independencia de Venezuela, Simón Bolívar se embarcó en una campaña para liberar Colombia y Ecuador. Soñaba con unificar todos los países de habla hispana bajo un único estado, libre, rico y poderoso.

Durante el mismo período de tiempo, otro general, José de San Martín (1778-1850), llegó en 1812 procedente de España, para unirse a una rebelión en Buenos Aires (Argentina), que luego conduciría a la independencia de Argentina y Paraguay. San Martín cruzó la cordillera de los Andes con el chileno Bernardo O'Higgins a la cabeza de un ejército bien preparado, liberando Chile en 1817-1818. Con una flota bajo el mando de Lord Cochrane, un aventurero escocés, San Martín llegó con sus tropas a la costa peruana en 1820 y obligó a los españoles a refugiarse en las montañas. Dos años después, San Martín y Bolívar se encontraron y decidieron que el último ataque contra el poder español en América lo realizaría Bolívar. En 1824, el general de Bolívar, Antonio José de Sucre (1795-1830), venció a los españoles en la batalla de Ayacucho. Dos años más tarde, Sucre se convertiría en el primer presidente de Bolivia.

En menos de quince años de guerra se liberó la mayor parte de América Latina, excepto Cuba y Puerto Rico, que siguieron siendo colonias españolas hasta 1898. Sin embargo, el sueño de Bolívar de conseguir una América Latina unida no se hizo realidad, ya que las diferencias entre las distintas regiones eran demasiado grandes. Incluso la Gran Colombia, que creó en 1819 y que comprendía Venezuela, Colombia y Ecuador, acabó disgregándose en 1830.

6. Visitantes y viajeros

Los relatos de los viajeros

Las exploraciones de los científicos del XVIII

Durante el siglo XVIII, las sociedades geográficas y científicas patrocinaron expediciones por toda América Latina. En el año 1735, la Academia Francesa de las Ciencias envió a once científicos para que realizaran mediciones bajo la línea del ecuador. Éstos demostraron, al fin, la corrección de la teoría de Sir Isaac Newton, que afirmaba que el diámetro de la Tierra era mayor a la altura del ecuador. En 1789 partió de Cádiz la expedición científica de Malaspina, auspiciado por Carlos IV. Los científicos que tomaron parte en ella realizaron estudios de zoología, botánica, astronomía, geografía y mineralogía en América Latina.

La Condamine, Mutis y Ferreira

Charles Marie de la Condamine (1701-1774), al mando de la expedición de la Academia Francesa de las Ciencias, exploró más de 4.000 km de la región del Amazonas, estudiando las plantas, las aves, los animales, los habitantes y el paisaje. A su regreso a París en 1745, publicó relatos de sus viajes, despertando el interés por la exploración de América Latina en científicos, **botánicos**, cartógrafos y artistas de toda Europa.

El naturalista español José Celestino Mutis (1732-1808) viajó a América en 1760. Allí se dedicó al estudio de la vegetación de los Andes. Cedió sus colecciones y escritos a Humboldt, quien le llamó *ilustre patriarca de los botánicos.* Los científicos europeos no fueron los únicos en dedicarse al estudio de América Latina. Alexandre Rodrigues Ferreira (1756-1815), nacido en Brasil, estudió Historia Natural en Portugal. En 1783 regresó a Brasil para explorar sus ríos e investigar sobre las costumbres tribales.

Cuadro en el que aparecen Humboldt (en el centro, a la derecha) y Bonpland (esquina inferior derecha) con el Chimborazo al fondo.

Alexander von Humboldt

El científico de mayor prestigio que se dedicó a explorar América Latina durante el período colonial fue Alexander von Humboldt (1769-1859). Este sabio alemán pasó cinco años con el botánico francés Aimé Bonpland (1773-1858) realizando sus investigaciones por Centroamérica y los Andes. Escribió treinta libros sobre las montañas, los volcanes, los bosques tropicales, la geografía, la política y la economía de América Latina.

Dibujo de un mono cacajao de cabeza negra, que aparece en uno de los libros de Humboldt y Bonpland sobre los animales de América Latina.

Las exploraciones de los científicos del XIX

Carl Friedrich Philip von Martius (1794-1868) viajó a Brasil en 1818 para estudiar las tribus indias y la historia natural. Dos años más tarde, regresó a Europa con una colección de ejemplares de plantas y de objetos pertenecientes a los indios. Las investigaciones llevadas a cabo por Martius tuvieron gran importancia, pues iniciaron los estudios académicos sobre los indios brasileños. Por otra parte, su colección de 6.500 plantas constituyó la base de *Flora Braziliensis*, catálogo de plantas latinoamericanas escrito en colaboración con el zoólogo Johan Baptist von Spix (1781-1826).

El francés Alcide Orbigny (1802-1857) exploró Argentina, Paraguay, Cuba, Bolivia, Venezuela, Colombia y Bolivia. En 1829 recorrió la Patagonia durante nueve meses, visitando a los indios tehuelche y participando en una cacería de avestruces.

Los ingleses Henry Walter Bates (1825-1892) y Alfred Russell Wallace (1823-1913) viajaron al Amazonas en 1848, con el fin de ampliar sus conocimientos sobre América Latina. Wallace perdió sus preciados ejemplares y sus cuadernos de notas en el mar, pero cuando Bates regresó a Inglaterra, en 1859, se llevó consigo colecciones de gran valor, que incluían más de 3.000 especies de insectos recién descubiertas.

Charles Robert Darwin (1809-1882), el naturalista británico que revolucionó la ciencia con su teoría de la evolución natural, realizó un viaje de cinco años a bordo del *Beagle*. Recorrió las costas atlántica y pacífica de Suramérica y también se internó por las pampas argentinas, donde encontró los esqueletos fosilizados de unos animales enormes, y los Andes, donde encontró yacimientos de conchas fósiles.

Finalmente, el alemán Karl van den Steinen (1855-1929) fue uno de los últimos grandes exploradores-científicos del siglo XIX. El trabajo en dos volúmenes de Steiner acerca de los indios de Brasil tuvo una gran importancia científica.

Cuadro de Debret.

Completar un rompecabezas

La mayor parte de las expediciones científicas publicaron crónicas de sus viajes, en los que narraban los descubrimientos realizados y proporcionaban mapas. Poco a poco se fue ampliando el conocimiento que tenían los europeos acerca de la geografía y la naturaleza del continente americano. Era como si el mapa del continente fuera un rompecabezas y cada expedición proporcionara una nueva pieza para completarlo.

Los naturalistas dibujaron plantas y animales desconocidos en Europa, y los artistas pintaron paisajes. El francés Jean-Baptiste Debret (1768-1848) pasó quince años en Brasil pintando detalladamente todo lo que veía. A su regreso a Francia, en 1831, Debret publicó tres volúmenes de dibujos sobre la vida de América Latina. También el artista alemán Johan Moritz Rugendas dibujó escenas de la vida cotidiana en Brasil, México, Chile, Perú y Bolivia.

Grabado con exploradores abriéndose camino a través de la selva tropical, del libro de Carl Nebel Viaje pintoresco por México, *de 1836.*

En busca del conocimiento

Ciudades perdidas y encontradas

En 1909, el coronel inglés Percy Fawcett (1867-1925) fue contratado por el gobierno boliviano para estudiar un río que discurría junto a la frontera con Brasil. Después de esta expedición a la meseta brasileña, Fawcett leyó un documento del siglo XVIII en el que se mencionaba una fabulosa *ciudad perdida* en la que había minas de plata. En 1920, Fawcett organizó una expedición para buscar dicha ciudad, pero no la halló. Regresó a Brasil en 1925 para reiniciar su exploración con su hijo y un amigo, pero desaparecieron todos sin dejar rastro en la región del Amazonas.

Otras ciudades sí se hallaron. En Centroamérica se divisaron desde un avión importantes ruinas mayas (ver la página 15). En Perú, el arqueólogo norteamericano Dr. Hiram Bingham (1875-1919) encontró las ruinas de

Dibujo en el que se ve cómo remolcan aguas arriba la canoa de un explorador, en 1876.

Machu Picchu cerca de Cuzco (ver las páginas 22 y 23) en 1911. Más recientemente, en los años ochenta, al iniciarse las excavaciones para hacer el metro se encontraron bajo la plaza Mayor de la ciudad de México (ver la página 36) las ruinas del templo azteca destruido por Cortés.

El coronel Fawcett desapareció en el bosque tropical de Brasil, durante una expedición en busca de las antiguas ciudades legendarias indias.

Charles Lindbergh (1902-1974) fue el primero en realizar en solitario la travesía aérea del océano Atlántico en 1927. Más tarde, exploró América Latina desde el aire, en busca de las ruinas de las civilizaciones perdidas.

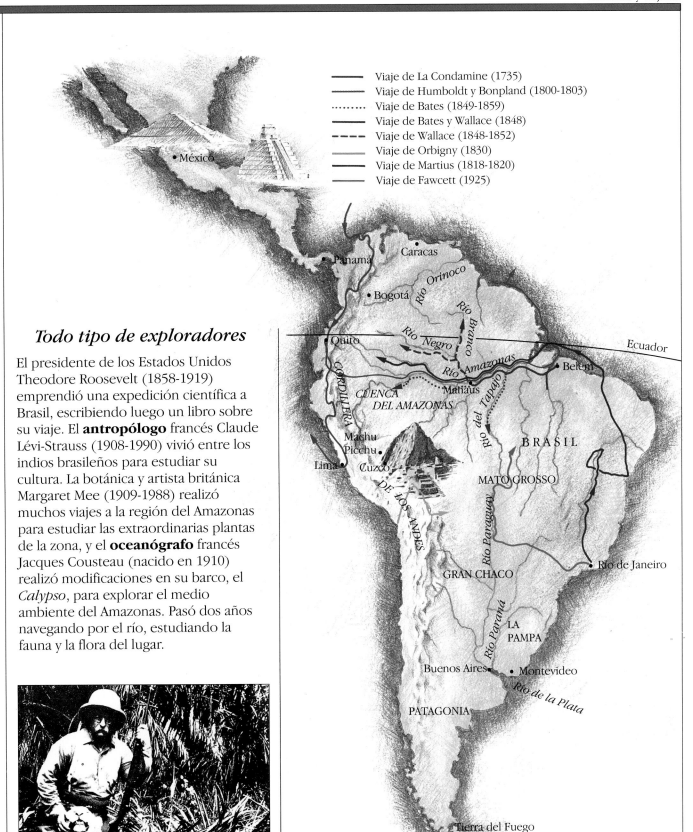

Viaje de La Condamine (1735)
Viaje de Humboldt y Bonpland (1800-1803)
Viaje de Bates (1849-1859)
Viaje de Bates y Wallace (1848)
Viaje de Wallace (1848-1852)
Viaje de Orbigny (1830)
Viaje de Martius (1818-1820)
Viaje de Fawcett (1925)

Todo tipo de exploradores

El presidente de los Estados Unidos Theodore Roosevelt (1858-1919) emprendió una expedición científica a Brasil, escribiendo luego un libro sobre su viaje. El **antropólogo** francés Claude Lévi-Strauss (1908-1990) vivió entre los indios brasileños para estudiar su cultura. La botánica y artista británica Margaret Mee (1909-1988) realizó muchos viajes a la región del Amazonas para estudiar las extraordinarias plantas de la zona, y el **oceanógrafo** francés Jacques Cousteau (nacido en 1910) realizó modificaciones en su barco, el *Calypso*, para explorar el medio ambiente del Amazonas. Pasó dos años navegando por el río, estudiando la fauna y la flora del lugar.

Theodore Roosevelt posa con un jaguar cazado durante su expedición al río da Dúvida (rebautizado como Roosevelt) durante 1913 y 1914.

7. La era moderna

Riqueza y pobreza

En el primer cuarto del siglo XIX se independizaron las colonias españolas y portuguesas de América, salvo Cuba y Puerto Rico, que obtuvieron la independencia en 1898. América Latina pasó entonces a estar formada por veintidós países. Pero la independencia no trajo consigo una inmediata riqueza económica. Pese a los intentos de desarrollo autónomo, las economías de los nuevos países continuaron estando bajo influencia europea durante bastante tiempo.

Producción de alimentos para la exportación

Al obtener la independencia, los países de América Latina tuvieron libertad para establecer relaciones comerciales con otros países además de España y Portugal. Durante la época de la revolución industrial en Europa (ver la página 34), los nuevos productos manufacturados eran distribuidos por todo el mundo gracias a los ferrocarriles y a los buques de vapor. Al incrementarse la producción aumentó la demanda de materias primas, y América Latina se especializó en proporcionar algunas de ellas. Esto produjo un crecimiento económico basado en la exportación de productos tales como el cobre, el azúcar, el caucho y el algodón. También la agricultura se orientó hacia la exportación, en vez de cultivar los alimentos que necesitaban sus habitantes. Sin embargo, las nuevas industrias locales no estaban protegidas, por lo que muchas quebraron cuando se enfrentaron a la competencia de las poderosas compañías extranjeras.

El ferrocarril cruza un valle andino del Perú por un puente recién construido en la década de 1870.

El canal de Panamá, que atraviesa Centroamérica, fue construido entre 1904 y 1914. Esta fotografía fue tomada el día de su inauguración.

Ferrocarriles y buques a vapor

La nueva tecnología produjo grandes cambios en América Latina. Los modernos buques a vapor hicieron posible el transporte masivo de mercancías, y las regiones remotas se exploraron en profundidad. No existía por entonces una red ferroviaria extensa. La mayoría de las vías habían sido construidas para transportar mercancías de cara a la exportación: algunas conectaban las minas a los puertos y otras se habían construido en lugares donde la navegación fluvial era difícil. Cuando comenzó la producción en serie de automóviles en Norteamérica, fue posible viajar a través del continente más fácilmente.

Foto de los indios del Amazonas que fueron obligados a trabajar en los bosques de caucho, tomada hacia el año 1900.

El enriquecimiento de una minoría

La riqueza creada a raíz de este repentino desarrollo no benefició a toda la población. Los propietarios de tierras se enriquecieron, compraron nuevas tierras y aumentaron aún más sus riquezas. Las clases trabajadoras tenían salarios muy bajos y no podían comprar tierras. Tampoco podían marcharse en busca de trabajos mejor remunerados porque solían tener deudas en la tienda de su patrón, que normalmente era la única en la zona.

Los precios de las materias primas que exportaba América Latina fueron bajando cada vez más, mientras que los precios de los artículos importados de Europa fueron subiendo progresivamente. De este modo, América Latina siguió siendo más pobre que los países europeos y su economía se mantuvo, en cierta medida, bajo su control.

La deuda internacional

Los bancos internacionales abrieron sucursales en América Latina para proteger sus inversiones en ganado vacuno, **nitratos**, cobre, caucho, azúcar, café, algodón y otros productos. Los gobiernos extranjeros prestaron dinero a los gobiernos latinoamericanos para que invirtieran en ferrocarriles, puertos, carreteras, servicios de agua potable y alcantarillado, gas, energía eléctrica y, con el tiempo, teléfonos. Muchos servicios públicos, como los ferrocarriles, eran propiedad de potencias extranjeras. Los enormes pagos de los intereses derivados de estos préstamos iniciales están siendo saldados todavía hoy por América Latina.

Cândido Rondon (1865-1958)

El brasileño Cândido Rondon sirvió en el ejército durante su larga vida. A su muerte se le conocía con el nombre de *el mariscal de la paz*. Viajó por las regiones salvajes del país durante cuarenta años, la mayor parte de las veces a pie, a caballo y en canoa, cubriendo casi 40.000 km, lo que equivale a la circunferencia de la Tierra. Rondon levantó líneas de telégrafo a través de la selva, inspeccionó las fronteras, exploró territorio desconocido por todo Brasil y conoció muchas tribus indias que no tenían contacto alguno con la civilización. Incluso cuando sus tropas fueron atacadas, siguieron siempre su orden de "Muere si es necesario, pero nunca mates". Rondon dirigió el Servicio de Protección India desde 1910 hasta su muerte, en 1958. Por medio de esta organización defendió los derechos de los indios latinoamericanos.

Un joven se gana la vida como vendedor ambulante en Lima, Perú.

A pesar de los grandes adelantos en los transportes de los últimos cien años, las formas tradicionales todavía son esenciales en Latinoamérica. Aquí vemos un burro, que es utilizado para transportar las cosechas en el sur de Brasil.

América Latina, hoy

Contraste entre las viviendas de lujo y las chabolas en la ciudad de Río de Janeiro, en Brasil.

Las culturas tradicionales han sobrevivido incluso en zonas conocidas por los europeos desde hace quinientos años.
En la foto, una niña de la tribu cuna, de Brasil.

Un indio kayapo utiliza una cámara de vídeo para informar a la gente sobre su propia cultura.

Explorar para construir

La apertura del canal de Panamá en 1914 sirvió para unir el océano Pacífico con el Atlántico, facilitando los viajes y los transportes de mercancías por el mundo. La construcción de vías férreas, carreteras y vías navegables supuso, a menudo, el tener que atravesar en condiciones difíciles territorios desconocidos.

El éxodo a las ciudades

Los modernos medios de transporte permitieron que los pobres dejaran el campo y fueran a las ciudades en busca de trabajo. Muchas de estas personas encontraron un empleo en las nuevas fábricas y en las plantaciones. Debido a esta migración, crecieron los barrios deprimidos en los suburbios de las ciudades. En la actualidad, algunas ciudades latinoamericanas, como México y Sâo Paulo, se encuentran entre las ciudades más pobladas del mundo.

Inmigración y emigración

A lo largo del siglo xx, América Latina ha acogido a inmigrantes procedentes de Europa y Asia. Las leyes inmigratorias fomentaron, sobre todo, la llegada de europeos. Éstos querían explorar un continente diferente, en donde había mucha tierra, la población era escasa y se necesitaba nueva mano de obra a raíz del fin de la esclavitud y del triunfo de las nuevas industrias. Entre los años 1880 y 1914 emigraron a América Latina muchos más europeos que en los tres siglos y medio anteriores. Además de portugueses y españoles, que han vivido en América Latina desde la época colonial, italianos, alemanes, polacos, suizos, franceses, ucranianos, libaneses, japoneses (fundamentalmente en Brasil) y chinos (en Perú, Cuba, México y Panamá) se han estado instalando en América Latina desde principios de este siglo.

NORTEAMÉRICA

MÉXICO

Golfo de México

CENTRO-
AMÉRICA

• México

BELICE

• La Habana Guantánamo

Belice CUBA

GUATEMALA • Guatemala

EL SALVADOR HONDURAS

• Tegucigalpa

San Salvador • Managua

NICARAGUA

COSTA RICA • San José

PANAMÁ • Panamá

REPÚBLICA
DOMINICANA

HAITÍ

Puerto Príncipe

Santo
Domingo

San Juan

PUERTO
RICO

MAR CARIBE

• Caracas

VENEZUELA GUYANA GUAYANA
FRANCESA

COLOMBIA SURINAM

• Bogotá

Islas Galápagos

• Quito

ECUADOR

Río Amazonas

CUENCA DEL
AMAZONAS

S U R A M É R I C A

PERÚ BRASIL

• Lima

CORDILLERA DE LOS ANDES

BOLIVIA • Brasilia

• La Paz

OCÉANO
PACÍFICO

Países de la moderna
*América Latina con
sus capitales.*

PARAGUAY

CHILE Asunción São Paulo • • Río de Janeiro

ARGENTINA

URUGUAY

• Santiago Buenos Aires • • Montevideo

Las exploraciones continúan

Se dice que la tolerancia es un rasgo característico de la cultura latinoamericana. Las gentes de América Latina han experimentado duros momentos económicos y una inestabilidad política que ha conducido a una serie de revoluciones, **golpes militares** y guerras civiles, así como a un malestar social generalizado. Estos sucesos han sido, y continúan siendo, el resultado de la violenta historia de América Latina. Sin embargo, los latinoamericanos están muy orgullosos de la gran variedad de gentes de distinta procedencia que vive, visita y explora el continente.

El fútbol es el deporte
*más popular de
América Latina. Éste
es el estadio
nacional
de Lima, Perú.*

Cabo de Hornos

Cronología

Latinoamérica	Europa	Otros países
Hacia 6600 a.C. Indicios del cultivo de maíz y chayote en Ecuador.	**Hacia 6500 a.C.** La agricultura comienza en Grecia y se extiende a otras áreas de Europa.	**Hacia 5000 a.C.** La agricultura comienza en las áreas occidentales de la India.
Hacia 5000 a.C. Comienza la agricultura en México. **Hacia 2000 a.C.** Agricultura en toda América Latina.	**Hacia 3000 a.C.** El uso del cobre se extiende por toda Europa.	**Hacia 2500 a.C.** Se domestica al caballo en Asia Central.
Hacia 1200-300 a.C. Cultura chorrera (Los Andes). **Hacia 1200-400 a.C.** Cultura olmeca (México).	**Hacia 1600 a.C.** Comienza en Grecia la civilización micénica.	**Hacia 1200 a.C.** Surge la religión judía. **Hacia 1500 a.C.** Empieza a utilizarse el hierro en Turquía.
Hacia 1200-200 a.C. Cultura chavín (Perú). **Hacia 600-200 a.C.** Cultura paracas (Perú).	**510 a.C.** Se funda la república romana.	**Hacia 650 a.C.** En China se emplea el hierro. **Hacia 230 a.C.** Se construye la Gran Muralla china.
Hacia 1-600 d.C. Se construye la ciudad de Teotihuacán.	**43 d.C.** El Imperio Romano invade Gran Bretaña.	**30 d.C.** Muerte de Jesucristo. Comienza la difusión del cristianismo.
Hacia 1-700 d.C. Cultura mochica (Los Andes).	**Hacia 117** El Imperio romano alcanza su máxima expansión.	**Hacia 300** Se funda el imperio de Ghana, en África Occidental.
Hacia 300-900 Civilización maya.	**Hacia 542** La peste bubónica se extiende por toda Europa.	**Hacia 622** Mahoma funda la religión islámica en Arabia.
900-1200 Los pueblos tolteca y chicimeca fundan la ciudad de Tula.	**929** Comienza el califato de Córdoba.	**935** Se termina el texto del Corán. **960** Dinastía Sung en China.
Hacia 110-1530 Los incas fundan la ciudad de Cuzco y empiezan a levantar su imperio.	**1232** Reino nazarita de Granada.	**Hacia 1000** Los vikingos colonizan Groenlandia y viajan a América.
Hacia 1345-1530 Civilización azteca.	**1340** La peste bubónica sigue extendiéndose por Europa.	**1352** Ibn Battuta viaja a África. **1368** Dinastía Ming en China.
1492 Cristóbal Colón llega al Nuevo Continente. **1494** Se firma el Tratado de Tordesillas.	**1492** Conquista de Granada por los Reyes Católicos.	**1498** Los portugueses al mando de Vasco de Gama llegan a la India.
1519 Magallanes da la vuelta al mundo. **1519-1521** Conquista de México por Hernán Cortés. **1532-33** Conquista de Perú por Francisco Pizarro.	**1532** Calvino comienza el movimiento protestante en Francia.	**Década de 1530** Empieza la trata de negros realizada por europeos a través del océano Atlántico.
Hacia 1550-1690 Los jesuitas fundan misiones en el interior del continente.	**1618** Empieza la guerra de religión de los Treinta Años.	**1607** Se funda en Norteamérica (Virginia) el primer asentamiento inglés.
Hacia 1660-1750 Los *bandeirantes* exploran Brasil.	**1667** Los franceses extienden sus dominios bajo el reinado de Luis XIV.	**1644** Dinastía manchú en China. **1680** Imperio rozvi en Zimbabue.
1791-1799 Toussaint L'Ouverture encabeza una rebelión de esclavos negros.	**1756** Empieza la guerra de los Siete Años.	**Hacia 1700** Los europeos exploran África. **1783** Tratado de Versalles: independencia de Estados Unidos.
1810-1812 Francisco Miranda encabeza la lucha por la independencia en Venezuela, pero fracasa.	**1789** Comienza la Revolución Francesa. **1807** Se prohíbe en Gran Bretaña el comercio de esclavos.	**1789** George Washington, primer presidente de Estados Unidos.
1817-1818 San Martín libera Chile. **1821-1822** México, Venezuela, Colombia, Ecuador y Brasil alcanzan la independencia.	**1884-1885** Se celebra en Berlín (Alemania) el Congreso de África Occidental.	**1857** Motín indio. **1861** Estalla la guerra de Secesión norteamericana.
1898 Independencia de Cuba y Puerto Rico. **1904-1914** Construcción del canal de Panamá.	**1914-1918** Primera guerra mundial. **1939-1945** Segunda guerra mundial.	**Hacia 1915** África sigue dividida entre las potencias europeas. **1917** Estados Unidos entra en la primera guerra mundial.
1932-1935 Paraguay y Bolivia luchan por la región del Chaco.	**1961** Se construye el muro de Berlín en Alemania.	**1941** Estados Unidos entra en la segunda guerra mundial.
1962 Crisis de los misiles cubanos entre el presidente Kennedy y el ruso Khruschev.	**1972** La Comunidad Europea incorpora nuevos países miembros.	**1960** John F. Kennedy es elegido presidente de Estados Unidos. **1963** John F. Kennedy muere asesinado.
Década de 1970 Muchos países latinoamericanos son gobernados por dictaduras militares.	**1985** Mijaíl Corbachov se convierte en líder de la Unión Soviética.	**1965-73** Estados Unidos se implica en la guerra de Vietnam.
Década de 1980 Perú, Argentina, Brasil y Chile celebran elecciones democráticas.	**1989** Borís Yeltsin, líder de Rusia.	**1981** Ronald Reagan es elegido presidente de Estados Unidos.
1992 Conferencia en Río, en Brasil, sobre medio ambiente y desarrollo.	**1991** Unión de las dos alemanias. Caída del muro de Berlín.	**1989** Manifestantes a favor de la democracia son asesinados en la plaza de Tiananmen, Pekín. **1993** Bill Clinton es elegido presidente de Estados Unidos.

Vocabulario

A

acueducto: conducto artificial para conducir agua, y especialmente para abastecer de ella a una población.

alpaca: animal pequeño, de aproximadamente un metro de altura, emparentado con la familia de los camellos, que se asemeja a una cabra. La alpaca es un animal muy apreciado por su pelo, que proporciona lana de excelente calidad.

antropólogo: científico que se dedica al estudio de los seres humanos.

arqueólogo: científico que busca y examina los vestigios pertenecientes a las culturas del pasado para conocer su forma de vida, su arte, etc.

autóctono: persona, planta o animal que ha nacido o se ha originado en el mismo lugar donde se encuentra.

B

batata: planta tropical, cuya raíz se come como si fuera una hortaliza.

botánico: científico que se dedica al estudio de las plantas.

C

caravana: grupo de comerciantes que viajan por tierra para vender sus mercancías, las cuales son transportadas normalmente en caballos, camellos o burros.

colonizar: cuando un grupo de gente de un país se establece en otra tierra para poblarla y cultivarla, se dice que la coloniza. A veces, las nuevas tierras están deshabitadas; otras veces, los colonos se apropian de ellas por la fuerza.

cuenca fluvial: territorio cuyas aguas afluyen todas a un mismo río, lago o mar.

E

ecuación: fórmula matemática.

ecuador: línea imaginaria que rodea la Tierra y que se halla a la misma distancia del polo Norte que del polo Sur.

estuario: desembocadura de un río caudaloso que desagua en el mar y que se caracteriza por tener una forma semejante al corte longitudinal de un embudo cuyos lados van apartándose en el sentido de la corriente.
Los estuarios poseen una mezcla de agua dulce y salada y también tienen mareas.

evaporar: convertir en vapor un líquido.

F

fértil: suelo fértil es aquel en el que las plantas crecen muy fácilmente debido a su humedad y a la abundancia de minerales que contiene.

G

geológico: relativo a la geología, que es la ciencia que se dedica al estudio de la forma exterior e interior del globo terrestre, de la naturaleza de las materias que lo componen y de su formación.

golpe militar: se habla de golpe militar cuando el ejército se hace, por la fuerza, con el gobierno de un país.

guerra de guerrillas: guerra en la que luchan bandas de soldados que no pertenecen a un ejército oficial nacional. Las guerrillas emplean tácticas distintas de las de los ejércitos, entre las que se suelen incluir emboscadas y sabotajes.

I

irrigación: es la acción de regar la tierra y las cosechas mediante un sistema de pequeños canales.

J

jesuita: religioso perteneciente a la Compañía de Jesús, fundada por San Ignacio de Loyola en el siglo XVI. Los jesuitas se extendieron por todo el mundo para llevar a cabo una misión evangelizadora.

M

mandioca: planta autóctona de América Latina, de cuyas raíces se extrae almidón, harina y tapioca.

monopolio: concesión otorgada a un país en particular o a una compañía para que aproveche con carácter exclusivo algún producto o servicio. Al darse esta situación, la compañía que tiene el monopolio puede imponer el precio de dichos productos o servicios.

N

nitrato: sustancia química utilizada en explosivos y fertilizantes.

Ñ

ñame: planta herbácea, con tubérculos que se comen cocidos o asados.

O

oceanógrafo: científico que estudia las plantas, los animales y el medio ambiente de los océanos del mundo.

P

Pampa (La): nombre que recibe la gran llanura situada en Argentina, entre la cordillera de los Andes y el océano Atlántico.

peregrinación: viaje que se hace a un santuario por devoción o por voto.

prehistórico: perteneciente o relativo al período de la vida de la humanidad anterior a todo documento escrito y que sólo se conoce por determinados vestigios: construcciones, utensilios, restos humanos o de animales, etc.

Q

Quimbaya: comunidad de indios que vivieron en la cordillera montañosa central de Colombia. Los quimbayas fabricaban objetos de oro de gran tamaño y muy labrados, como cascos, máscaras y colgantes con cocodrilos.

R

revolución industrial: período de cambio social y económico que comenzó en Gran Bretaña en la década de 1760. La industria artesanal fue reemplazada por la industria moderna y muchos campesinos emigraron a la ciudad, donde trabajaron como obreros en las nuevas fábricas.

S

Sinú: cultura que existió durante el siglo XIV en lo que hoy conocemos como Colombia. Era un pueblo que vivía de los frutos que recolectaba y de la pesca en los valles del río Magdalena. Fueron muy hábiles en el arte del vaciado y el martilleo del oro.

T

Tairona: fue la civilización dominante del noreste de Colombia desde el año 1000 de nuestra era hasta los siglos XIV y XV. Los taironas fueron los mejores orfebres de la zona y construyeron casas de piedra y carreteras.

textil: cualquier materia que puede reducirse a hilos y tejerse.

Tolima: el pueblo tolima vivió en el valle del Magdalena, al norte de Colombia. Fue un pueblo de excelentes orfebres.

tropical: zona de la Tierra situada entre el trópico de Cáncer y el trópico de Capricornio. Éstas son dos líneas imaginarias que se hallan a la misma distancia al norte y al sur del ecuador. Las zonas tropicales del planeta son normalmente muy cálidas, y en ellas la tierra es muy fértil.

V

virreinato: distrito gobernado por un virrey, que es la persona designada por un monarca para mandar en su nombre y con su autoridad.

Índice alfabético

Los números en **negrita** indican las ilustraciones. Las palabras en **negrita** están recogidas en el vocabulario de la página 47.

Edición coordinada por **Paz Barroso**

Traducción del inglés: *Beatriz Rodríguez-Courel Ginzo*

Título original: *Exploration into Latin America*

Fotografías: Colección de Arte y arquitectura: 11, 12 inferior izquierda, 17 inferior izquierda, 22 superior izquierda; Agencia de Prensa de los Andes: 42 superior; Pinacoteca Bridgeman: 32 inferior derecha; Bruce Coleman Ltd.: cubierta posterior; Fotografías Sue Cunningham: 33, 43 inferior, 44 derecha; John Curtis: 10; Dagli Orti: 16 inferior, 18 inferior, 24 superior, 39 superior; Archivo E. T.: 9 inferior, 19 superior derecha y centro, 29 superior, 36 superior; Pinacoteca de Mary Evans: 2, 26 superior, 29 centro, 35 inferior, 40 superior derecha; Archivo de Werner Forman: 13; Colección del Dr. Kurt Stavenhagen: 16 superior derecha; Museo de Arte de Dallas, Giraudon/Bridgeman Pinacoteca: 28 inferior; Pinacoteca Robert Harding: 6, 9 superior derecha, 12 inferior derecha, 17 inferior derecha, 18 superior, 19 superior izquierda e inferior; Museo Británico: 25; Museo Marítimo Nacional: 26 inferior, 27, 36 inferior; Museo Británico: 37, 38 superior; Schloss Tegel, Berlín e inferior; Hulton Deutsch: 16 superior izquierda, 24 inferior, 28 superior, 31, 40 inferior; Colección Mansell: 5, 26, 27, 32 y 35 superior; Fotos Impact (Piers Cavendish): fondo cubierta; Andrew Oliver: 22 superior derecha, 23 inferior, 43 centro, 45 cubierta posterior; Royal Geographical Society: 3, 7 superior y centro derecha, 8, 9 superior izquierda, 39 inferior, 44 izquierda; Nick Saunders/Barbara Heller: 14 izquierda; Fotografías de Suramérica: portadilla, 7 izquierda e inferior derecha, 12 superior, 14 derecha, 15, 17 superior, 21, 22 inferior, 23 superior, 29 inferior, 30, 32 inferior izquierda, 40 superior izquierda, 41, 42 inferior, 43 superior, 44 superior.

Publicado por primera vez en Gran Bretaña en 1994 por Belitha Press Limited, 31 Newington Green, London N16 9PU.

© En este formato: Belitha Press Limited, 1994. Londres
© Del texto: Ana María Machado, 1994
© De las ilustraciones: Robina Green, Jeremy Oliver, Ian Andrew, 1994
© De la edición española: Ediciones SM, 1995
    Joaquín Turina, 39 - 28044 Madrid

Comercializa: CESMA, S.A. - Aguacate, 43 - 28044 Madrid
ISBN: 84-348-4426-5
Depósito legal: M-5063-1995
Fotocomposición: Grafilia, S.L.
Impreso en España / *Printed in Spain*
Orymu, S.A. - Ruiz de Alda, 1 - Pinto (Madrid)